U0871580

中小学幼儿园教师培训课程指导标准

义务教育化学学科教学

中华人民共和国教育部 制定

高等教育出版社·北京

图书在版编目（C I P）数据

中小学幼儿园教师培训课程指导标准：义务教育化学学科教学 / 中华人民共和国教育部制定. — 北京 ：高等教育出版社, 2019.1

ISBN 978-7-04-050656-3

Ⅰ. ①中… Ⅱ. ①中… Ⅲ. ①化学课 - 中小学 - 师资培训 - 教学参考资料 Ⅳ. ① G451.2

中国版本图书馆 CIP 数据核字（2018）第 222042 号

ZHONGXIAOXUE YOU' ERYUAN JIAOSHI PEIXUN KECHENG ZHIDAO BIAOZHUN
(YIWU JIAOYU HUAXUE XUEKE JIAOXUE)

策划编辑 魏振水 王文颖　　责任编辑 王文颖　　封面设计 张申申　　版式设计 王艳红
责任校对 陈 杨　　责任印制 刘思涵

出版发行	高等教育出版社	网　　址	http://www.hep.edu.cn
社　　址	北京市西城区德外大街4号		http://www.hep.com.cn
邮政编码	100120	网上订购	http://www.hepmall.com.cn
印　　刷	天津嘉恒印务有限公司		http://www.hepmall.com
开　　本	787mm×1092mm 1/16		http://www.hepmall.cn
印　　张	9		
字　　数	150 千字	版　　次	2019 年 1 月第 1 版
购书热线	010-58581118	印　　次	2019 年 1 月第 1 次印刷
咨询电话	400-810-0598	定　　价	29.80 元

本书如有缺页、倒页、脱页等质量问题，请到所购图书销售部门联系调换

物 料 号 50656-00

目　录

第一部分　前　言

第二部分　培训目标与内容

第三部分　实施建议

第一部分
前言

为深化中小学教师培训改革，提升教师队伍整体素质能力，建设高素质专业化创新型教师队伍，特制定《中小学幼儿园教师培训课程指导标准》。《中小学幼儿园教师培训课程指导标准》包括义务教育教师培训课程指导标准和幼儿园教师培训课程指导标准，从师德修养、学科教学、班级管理、学习与发展四个维度建立完善的标准体系，通过统一出台师德修养、班级管理、学习与发展培训课程指导标准，分科出台学科教学教师培训课程指导标准，进一步规范和指导各地分类、分科、分层实施五年一周期的教师全员培训工作。

根据中学教师专业标准、义务教育化学课程标准、教师教育课程标准和国家关于教师培养培训、学生发展核心素养与化学学科核心素养等相关文件精神，教育部制定了《中小学幼儿园教师培训课程指导标准（义务教育化学学科教学）》（以下简称《指导标准》），旨在促进初中化学学科教师专业发展，提高教师培训的针对性和实效性。

《指导标准》基于初中化学教育教学工作任务及实践需要，明确学科整体理解、科学探究、身边的化学物质、物质构成的奥秘、物质的化学变化、化学与社会发展六项培训目标主题，开发初中化学教师教学能力自我诊断量表，分层分类设计培训课程，提升教师培训的针对性和实效性。它是国家、省、地（市）、县（区）组织开展初中化学教师培训工作的重要参考，是各级教师培训机构、教研机构以及中学设置初中化学教师培训课程、开发和选择教师培训课程资源的基本依据，也是初中化学教师规划个人专业发展和自主选择培训课程的行动指南。

一、基本理念

《指导标准》秉承师德为先、能力为重、学生为本、实践导向、分层培训的理念，对照教师教学能力标准，制订实践导向的培训目标，开展教师教学能力诊断，设置有针对性的培训课程，确保“按需施训”。

（一）师德为先

将社会主义核心价值观和教师职业道德规范融入教师培训课程，注重教师职业理想、敬业精神和奉献精神教育，引导教师将立德树人根本任务落实到教书育人全过程，热心从教、依法执教、为人师表、关爱学生、团结协作，增强教师的人格魅力、学识魅力和职业魅力，做学生锤炼品格、学习知识、创新思维、奉献祖国的引路人。

（二）能力为重

《指导标准》以提高教师教书育人的能力为重点，满足初中化学教书育人的工作需要，学思结合、知行统一，提升教师应具备的专业知识和能力。在对教师教学行为表现进行系统分析的基础上，提出初中化学教师教学能力水平诊断指标，为有效把握教师培训需求提供依据。

（三）学生为本

促进教师专业发展的根本目的是促进学生的发展。初中化学教学应遵循学生身心发展特点和教育教学规律，促进学生全面而有个性地发展以科学素养为核心的能力素养。教师培训目标及培训课程应反映学生发展核心素养的新要求，引导教师丰富专业体验、完善必备的化学学科教学知识与能力。

（四）实践导向

《指导标准》基于初中化学教学工作任务及实践需要构建教师教学能力素养框架，划分各级教学能力发展目标维度，确定各级教学能力的典型表现。培训课程应重视教师个人的初中化学教学经验、强化实践意识、关注现实问题，理论学习与实践反思相结合，以形成教师的实践智慧和教学风格。

（五）分层培训

《指导标准》根据教师专业成长规律和教师培训工作特点，以提升教师教育教学能力和整体素质为主线，基于教师能力诊断，确定初中化学教师教学能力各维度所处的水平层次。基于各维度教学能力水平层次选择体现教学能力水平进阶的培训课程，开展分层培训，帮助教师个体加深专业理解，更新知识结构，解决实际问题，提升自身经验。

二、设计思路

（一）建立初中化学教师教学能力指标体系

1. 根据初中化学教师教学工作任务及实践需求，构建教师教学能力指标

依据《中学教师专业标准（试行）》，作为履行义务教育阶段化学教育教

学职责的专业人员，初中化学教师应具备将化学知识、教育理论与教学实践相结合的专业能力。基于教学工作任务及实践需求，构建具有6个一级指标、30个二级指标、114个三级指标（核心能力项）的初中化学教师教学能力指标体系。其中，一级指标与《义务教育化学课程标准（2011年版）》的5个一级主题对应，并在此基础上，增设了“学科整体理解”这一具有统摄性的一级指标。

2. 基于促进学生核心素养发展导向，确定教师教学能力表现指标的核心要项

针对初中化学教学实践中普遍存在的问题，突出教师亟待提高的教学能力，基于发展学生核心素养为导向的初中化学课程宗旨，确定教师教学能力表现指标核心要项，以引导教师教学从过于关注传授化学知识转变为促进学生的认识发展，提升学生利用化学知识解决问题的能力，发展学生以科学素养为核心的能力素养。

3. 围绕初中化学课程及实施要求，确定具体教学能力指标及培训目标

围绕初中化学课程及实施要求，将教学能力的核心能力项逐一细化为可检测的最高水平教学能力指标及培训目标。能力指标的陈述方式有以下两类：指向初中化学教学知识或教学意识的指标，用动词“了解”“理解”“认识”等描述；指向教学分析、设计、实施等行为的指标，用“能做到”描述。

（二）开发教师的“教学能力水平表现级差表”

教师自我的专业发展需求是开展培训活动的前提。教师对自身教学能力现状与培训目标之间的“差距”的认知，可以帮助教师建立发展性的内在需求。为此，《指导标准》开发了初中化学教师“教学能力水平表现级差表”，帮助教师进行自我诊断，了解自身教学能力的现有水平，从而自觉地感知自身教学能力与培训目标之间的“差距”，激发主动培训的内在需求。

围绕初中化学教学工作任务的主要事项，兼顾远景目标和现实需要，将教学能力水平划分为四个等级。四级教学能力水平的描述，依据各“核心能力项”的“级差点”，结合初中化学课程内容及教学要求展开。教学能力水平表现的“级差点”如下：

1.“学科整体理解”教学能力水平表现级差表

二级指标	三级指标	教学能力水平表现级差点
化学学科特征、内容体系及价值理解	化学学科特征与内容体系理解	水平四：能基于化学学科视角系统描述，并且能迁移应用 水平三：能基于化学学科视角系统描述 水平二：能基于初、高中阶段的内容完整描述 水平一：能基于初中阶段课程标准零散地知道
	化学学科的价值认识	水平四：系统地认识化学学科价值，并落实到教学行为中 水平三：系统地认识化学学科价值 水平二：能将化学内容与社会生产生活中的相关问题建立关联 水平一：笼统地知道化学在社会生产生活中有用
初中化学课程理解	课程性质和课程目标的理解	水平四：系统地认识化学课程性质和目标，并落实到教学行为中 水平三：知道化学课程性质和目标，仅从宏观层面指导教学 水平二：能说出化学课程性质和目标，但不用来指导教学 水平一：很少关注化学课程性质和目标
	课程内容的认识	水平四：能在五个一级主题之间建立系统，并用来指导教学 水平三：能在五个一级主题之间建立系统 水平二：知道五个一级主题并能建立关联 水平一：只能依据教科书章节零散地知道五个一级主题
	学生学习进阶的把握	水平四：能系统说明不同主题之间不同学段学生的能力素养发展脉络 水平三：能描述认识发展和能力素养发展脉络 水平二：能基于知识体系和教科书顺序全面描述知识发展脉络 水平一：只能零散地描述知识发展脉络

续表

二级指标	三级指标	教学能力水平表现级差点
初中化学教学设计与实施	教学理念和教学方式	水平四：具有促进认识发展的教学理念，能综合应用多种先进的教学方式，具备成功教学的经验图示 水平三：具有促进认识发展的教学理念，能使用科学探究、STSE 等多种先进教学方式 水平二：具有知识解析教学理念，能使用讲授、探究、STSE、演示等多种教学方式 水平一：具有知识解析教学理念，采用以讲授、演示为主要的教学方式
	教学设计系统	水平四：能系统关注教学设计的各个要素，进行多角度、多线索并进的教学设计 水平三：能在教学设计要素之间建立关联，在进行教学设计时关注知识与方法，多线索并进 水平二：知道教学设计的各个要素，主要关注知识逻辑 水平一：仅关注教学过程设计和知识逻辑
	教学实施技能	水平四：具备基于现代教育理论与现代教育技术进行教学的技能，能创新教学方式完成教学任务 水平三：具备熟练应用现代教育理论的技能，能较好地完成教学任务 水平二：具备熟练组织教学活动的技能 水平一：仅具备基本教学技能
初中化学教学评价与反馈	评价理念和基本方式	水平四：关注知识、技能、能力、素养四个维度的评价，采用多元评价主体和多种评价方式 水平三：关注知识、技能、能力三个维度的评价，评价主体为教师和学生 水平二：关注知识、技能两个维度的评价，评价主体为教师 水平一：仅关注知识的评价，评价主体为教师
	评价内容及工具设计	水平四：能基于学科能力和素养规划进行创新评价设计 水平三：有双向细目表规划，能使用多种评价资源设计表现性评价 水平二：有评价目标，能选择习题进行评价，有进行表现性评价的意识 水平一：不开发评价工具，直接使用教科书或教辅材料中的习题

续表

二级指标	三级指标	教学能力水平表现级差点
初中化学教学评价与反馈	评价结果分析及反馈	水平四：能多角度评价习题质量并提出修订意见，灵活运用数据统计及表达，关注能力、素养的评价反馈和教学问题归因 水平三：能根据评价规划评价习题质量，并进行常规数据统计及表达，关注技能、能力的评价反馈 水平二：能基于知识和难度评价习题质量，并进行基本数据统计，关注知识的评价反馈，有教学问题意识 水平一：无习题质量评价，只对结果进行简单统计，只关注对知识的评价
初中化学教学研究与改进	教学反思	水平四：能系统地教学反思，并进行实质性的全面归因 水平三：能多角度地教学反思，并进行合理归因 水平二：能零散地反思，并进行表面归因 水平一：只能感性、笼统地描述教学感受
	教学研究方法的运用	水平四：能系统掌握教学研究方法，并进行熟练应用 水平三：能在教学研究方法与教学问题之间建立关联 水平二：零散地知道教学研究方法 水平一：基本不了解教学研究方法
	促进教学改进的行动研究	水平四：能引领研究 水平三：能自主研究 水平二：具有研究意识 水平一：基本没有教学研究经历

2. 科学探究、身边的化学物质、物质构成的奥秘、物质的化学变化、化学与社会发展教学能力水平表现级差表

二级指标	三级指标	教学能力水平表现级差点
×× 主题的内容及价值理解	学科内容理解	水平四：对不同主题、学段的学科知识融会贯通 水平三：在不同学段、主题之间建立系统联系 水平二：在初中阶段主题内具体知识之间建立系统联系 水平一：笼统、零散、孤立地关注知识

续表

二级指标	三级指标	教学能力水平表现级差点
×× 主题的内容及价值理解	教学价值认识	水平四：系统关注融合在不同主题学段之间的社会、个人、学科本体价值 水平三：基于主题知识挖掘方法、认识、观念等方面的个人价值 水平二：列举实例说明知识的价值 水平一：笼统、零散、孤立地关注知识本体的价值
	课程理解与把握	水平四：系统全面地把握主题内容在不同学段的内容安排 水平三：准确描述不同主题学科内容的课程定位及其关系 水平二：全面表述主题内学科内容的课程定位及其关系 水平一：列举初中阶段的主题课程内容
	教科书理解与教学内容组织	水平四：选择、调整和组织有价值的教学内容 水平三：深入理解教科书中不同主题内容的关联 水平二：系统描述主题内容在教科书中的明线和暗线 水平一：描述主题内容在教科书中的明线
×× 主题的学生发展空间分析	已有基础	水平四：自主探查学生在知识、能力、认识、观念等方面的已有基础，能对探查结果进行分析和诊断 水平三：全面描述学生在知识、生活经验、方法、认识、观念等方面的已有基础，有探查意识 水平二：较全面描述学生在知识、生活经验方面的已有基础 水平一：笼统、零散地说出学生的知识基础和生活经验
	发展需求	水平四：自主探查学生在知识、能力、认识、观念等方面的发展需求，能在不同主题之间建立全面的关联 水平三：全面描述学生在知识、思路、方法、观念等方面的发展需求，有探查意识 水平二：较全面描述学生在知识方面的学习发展需求 水平一：笼统、零散地说出学生在知识方面的学习发展需求

续表

二级指标	三级指标	教学能力水平表现级差点
×× 主题的学生发展空间分析	障碍点	水平四：自主探查学生的学习障碍点，能在知识、能力、认识、观念等方面对探查结果进行准确分析和诊断反思 水平三：全面描述学生在知识、思路、方法、观念、行为等方面的学习障碍点，并能进行归因分析 水平二：较全面描述学生在知识方面的学习障碍点，并能进行归因分析 水平一：笼统、零散地描述学生在知识方面的学习障碍点
	发展路径	水平四：自主设计学生在知识、方法、认识、观念等方面的发展路径 水平三：明确知识、思路、方法、认识等方面的发展顺序 水平二：依据教科书系统、全面地构建主题知识的学习顺序 水平一：依据教科书零散地说出章节内部知识的学习顺序
×× 主题的教学目标确定和教学评价设计及诊断指导	设计教学目标	水平四：立足学科素养发展设计单元整体教学目标 水平三：依据化学课程标准和教科书、学生已有基础和发展需求确定三维目标，目标明确具体 水平二：依据化学课程标准和教科书设计教学目标，目标比较笼统 水平一：照搬或基于经验设计知识目标
	评价规划	水平四：对评价目的、内容、方式进行整体规划，并优化评价方式 水平三：能从内容和水平两方面进行整体评价规划 水平二：仅能对具体知识进行评价规划 水平一：照搬或基于经验进行知识层面的评价
	开发评价工具	水平四：从学生发展空间出发，对知识、方法、能力、素养等维度的评价进行整体规划，设计出评价核心活动表现的工具 水平三：对核心知识、方法、认识等多方面开发评价工具 水平二：基于知识评价规划选择习题 水平一：照搬教科书或教辅材料中的习题

续表

二级指标	三级指标	教学能力水平表现级差点
×× 主题的教学目标确定和教学评价设计及诊断指导	教学诊断、反馈及反思	水平四：从教与学两方面进行全面诊断，并对诊断结果进行深入归因分析，反馈和调整教学活动 水平三：从教与学两方面进行归因分析，并就具体的学习方法和学习策略对学生进行分类指导 水平二：根据学生作业的题面信息（题型、设问、知识主题等）和答题情况进行简单的归因分析 水平一：只关注学生作业是否完成、答案是否正确、知识是否掌握
×× 主题的教学过程设计	教学原则与策略	水平四：系统地阐述与分析主题教学关键问题及核心教学策略 水平三：全面地说出主题教学特点，能结合典型案例对其进行阐述分析 水平二：零散地说出主题教学特点，并据此设计教学过程 水平一：对主题教学特点不明确，只是照搬或基于经验进行教学过程设计
	教学取向确定及教学环节设计	水平四：具有明确的促进学生认识发展（或观念建构）的教学取向，能进行整体、系统的教学设计 水平三：关注认识发展（或观念建构）的教学特点，能在部分教学环节中体现促进认识发展（或观念建构）的教学设计 水平二：关注知识教学的特点，能有意识设计相应的教学环节 水平一：照搬或套用一般教学模式，没有明确的教学取向
	核心问题任务、问题线索及学生活动设计	水平四：基于核心问题任务，综合考虑知识逻辑顺序、学生认识发展脉络设计问题线索，基于能力素养目标的达成设计形式多样的学生活动 水平三：基于具体核心知识及其认识功能价值设计核心任务，基于知识目标的达成设计形式多样的学生活动 水平二：在教学过程中关注具体知识的落实，并据此改造或设计问题，形式化地设计学生活动 水平一：教学时照搬教科书的任务和问题，学生活动仅限听讲、做题

续表

二级指标	三级指标	教学能力水平表现级差点
×× 主题的教学过程设计	素材证据的选取	水平四：对素材进行深度加工，并将其转化为有价值的问题和证据，发挥素材对学生能力素养发展的作用 水平三：根据教学功能选取具有促进学生发展价值的素材 水平二：为帮助学生理解知识而照搬教科书或已有教学设计中的素材，但素材与核心问题、教学目标缺少实质性关联 水平一：围绕知识点解析展开教学过程设计，较少使用情境素材
×× 主题的教学实施	教学目标与教学设计的课堂实现及其调整	水平四：能展开教学设计中的活动，根据学生表现及时合理地调整教学进程，能落实知识、技能、方法、认识、观念等目标 水平三：基于教学设计展开并调整教学过程，能较好地落实知识和一般过程方法教学目标 水平二：教学过程与教学设计吻合，能落实知识教学目标 水平一：课堂教学随意，经常偏离教学设计
	基本教学技能	水平四：能创造性地开发和使用教学技术和手段，充分发挥其在获得新知、发展认识、解决问题等方面的教学功能 水平三：具备主题教学特点的教学技能，能顺利完成教学任务 水平二：能清晰表达和讲解，基本能顺利完成教学任务 水平一：教学语言表达和逻辑混乱，不能顺利完成教学
	活动的开展与指导	水平四：能有效组织和实施具有主题特色的学生活动，并对学生进行思路和方法的指导，及时发现、选择并利用活动中的生成性问题，合理调整活动实施 水平三：有主题特色，能根据学生活动表现指导和调整活动进展 水平二：能顺利开展学生活动并进行适当的组织和调控 水平一：基本不开展学生活动，或活动过程混乱、缺乏必要的组织和调控

续表

二级指标	三级指标	教学能力水平表现级差点
×× 主题的教学实施	思路与方法外显	水平四：分析问题的角度、方法、思路明确，学生的思路、方法外显 水平三：分析问题的角度、方法、思路明确，教师的思路、方法外显 水平二：有分析问题的角度、方法、思路，但比较内隐 水平一：没有固定思路，只关注具体知识点的落实

（三）设置体现水平进阶的培训课程

1. 依据培训目标和教师教学能力水平，设计培训课程模块和体现水平进阶的培训课程

以提高初中化学教师教学能力为主旨，依据培训目标和教师教学能力水平，结合培训课程实施的可操作性，整合培训目标特征，系统设计培训课程模块和体现教师教学能力水平进阶的课程，引导教师提升知识、转变教学观念和行为。其中，培训课程研修主题与二级培训目标相对应，培养课程专题与水平层级相对应。

2. 针对教师专业发展特点和区域差异，提供多样化培训实施和组织建议

针对不同发展阶段教师专业发展的特点，兼顾我国初中化学教育和教师的区域差异，倡导采用集中学习、区域教研、校本教研、网络自学、翻转课堂等多样化的培训组织形式，专家讲授、案例研究、问题研讨、工作坊等多种培训实施方式。强化基于教学现场、走进真实课堂的培训实施策略，通过现场诊断、分析与分享活动解决教学实际问题，基于情境体验改进教学行为，利用反思实践和行动研究提升教学能力，确保培训实施的效果。

三、框架内容

《指导标准》由前言、培训目标与内容、实施建议等三部分组成。“前言”说明本标准的基本理念、设计思路和框架内容。“培训目标与内容”包括三个方面：“培训目标”是基于高素质专业化教师队伍建设的整体目标对初中化学教师专业发展提出的要求；“教学能力水平表现级差表”是在对初中化学教师教学能力表现进行系统分析的基础上，提出的初中化学教师教学能力水平诊断

指标，旨在为有效把握教师培训需求提供依据；“培训研修主题”针对初中化学教师教学能力不同表现水平现状，围绕各主题的教学能力培训要求，设置培训课程专题及其内容要点，着眼于帮助教师进一步加深专业理解，解决实际问题，提升自身经验。“实施建议”重在推动各地创新培训模式，推行集中面授、网络研修与现场实践相结合的混合式培训，确保课程实施质量。

第二部分
培训目标与内容

初中化学教师培训课程以提高初中化学教师的专业素养为宗旨，发展教师在课程的视角下基于《义务教育化学课程标准（2011年版）》进行教学内容分析和学习者分析的能力，提高教师进行教学设计、教学实施和评价的能力，增强教师的职业自信心。培训课程着力从以下四个方面提升初中化学教师的教学能力。

1. 理解《义务教育化学课程标准（2011年版）》的基本要求，理解初中化学教学中相关内容主题涉及的学科本体知识，理解教科书内容选取、组织的思路，理解教科书核心活动的设计意图，提升对课程内容的理解、选取和组织能力。

2. 了解进行学习者分析的思路和方法，了解学生在各主题学习中常见的迷思概念，能对学生的认识发展障碍点和认识发展空间（即能力素养发展空间）进行分析，提升对学习者进行分析的能力。

3. 知道初中化学各主题教学设计与实施中的教学关键问题，能利用教学设计的思路和方法进行教学设计，能选择并恰当运用教学策略实施教学，提升教师教学设计与实施能力。

4. 知道初中化学各主题的关键评价要点，能基于双向细目进行评价设计，能从知识与技能、思路与方法、认识发展水平（即能力素养发展水平）等维度设计评价工具，能从知识与技能、思路与方法、认识发展水平等维度对评价结果进行分析，提升评价设计与实施能力。

一、学科整体理解

（一）化学学科特征、内容体系及价值理解

【培训目标】

1.（化学学科特征与内容体系理解）能全面把握化学学科知识体系，明确化学学科特征，掌握化学学科的基本研究方法，基于化学学科的发展历程和发展趋势，理解技术手段的发展对人类认识物质组构成、物质性质和化学反应本质与规律的作用，当遇到与中学化学有关的陌生问题时，能自觉主动地运用化学学科核心观念和科学方法去解决。

【能力诊断】

水平	你最像下面哪一种？	自评（√）
四	（基于学科，系统，迁移应用）能分析说明化学学科的特征，对化学学科体系有全面的把握，能说出化学学科的发展历程和发展趋势，知道技术手段的发展可以促进人类对物质组构成的认识，进而促进人类对物质性质和化学反应本质与规律的认识；能自主运用多种科学方法解决相对陌生的化学问题	
三	（基于学科，系统，分析解释）能分析说明化学学科的特征，能把握中学和大学的化学学科体系，了解化学核心观念，能说出推动化学学科发展的一些关键事件；有科学方法意识，能够解读化学学科研究中的科学方法或尝试运用科学方法解决问题	
二	（基于中学课程内容，全面）能结合实例分析说明化学学科的特征，能说出中学化学的知识体系和主要概念，能依据课程标准或教科书说出实验、模型、假说、分类等是研究化学学科的科学方法	
一	（基于课程标准、教科书，零散）只能按照课程标准或教科书描述化学学科的特征，对化学学科的发展过程和趋势缺少了解；只熟悉初中阶段的化学学科知识，只知道实验是化学学科的基本研究方法	

【培训目标】

2.（化学学科的价值认识）能列举大量实例分析说明化学对社会生产生活各个领域的贡献，能解读相关事实中的化学原理，在教学中有意识地引导学生关注化学与人类社会发展的关系；有意识地引导学生基于宏微观结合的视角和变化与守恒的观念，运用分类表征、模型建构、证据推理、辩证思维等思想方法，通过实验探究方式创新地解决与化学相关的社会问题，并在社会问题解决和决策中充分体现科学精神和社会责任意识，促进学生科学素养的提升。

【能力诊断】

水平	你最像下面哪一种？	自评（√）
四	（系统，教学行为）能列举丰富的实例分析说明化学对社会生产生活各个领域的贡献，能解读相关事实中的化学原理；知道学生化学学科核心素养的提升体现为学生解决与化学相关的真实问题的能力和参与社会性议题的决策能力，能经常性地、有意识地引导学生在综合问题解决和社会问题决策中运用分类表征、模型建构、证据推理、辩证思维、实验探究、绿色设计的思想，实现学生能力素养的提升	
三	（系统，教学观念）能列举丰富的实例分析说明化学对社会生产生活各个领域的贡献；能在教学中有意识地引导学生关注化学学科在社会生产生活各个领域的发展，有意识地关注宏微观结合、模型建构、证据推理、实验探究、真实问题解决等学习活动，促进学生化学学科核心素养和科学素养的发展	
二	（建立关联）能举例说明化学学科对生命、材料、环境、能源、信息科学等各个领域的贡献；知道宏观辨识与微观探析、变化观念与平衡思想、证据推理与模型认知、实验探究与创新意识、科学精神与社会责任等是化学学科的学生发展核心素养	
一	（零散，知识）只能根据课程标准等文献中的内容，概括地说出化学对社会发展有重要意义，只能列举出课程标准或教科书中的事例作为证据；只知道化学可以促进学生科学素养的发展，但并不清楚化学到底对学生的哪些方面产生影响	

【培训课程】

研修主题 1：化学学科的特征和研究方法			
编号	专题	内容要点	对应水平
1-1-1	化学学科的特征和研究方法	介绍化学学科的主要任务、化学学科的特征，通过实例介绍化学学科的研究方法	一、二

续表

编号	专题	内容要点	对应水平
1-1-2	化学学科的研究方法与中学化学教学	结合中学化学教学中的核心知识，挖掘和阐释化学学科的研究方法，展现研究过程，理解实验技术；体会研究方法对化学研究的指导作用及技术进步对学科发展的贡献	三、四

研修主题 2：化学知识体系与核心观念			
编号	专题	内容要点	对应水平
1-1-3	化学学科的知识体系	整体把握从中学到大学乃至学科发展前沿的化学知识，建立知识间的关联，梳理化学学科知识体系，体会初中化学知识体系与化学学科知识体系的关系	一、二
1-1-4	化学学科的核心观念	以“物质”“能量”“化学变化”“元素”“原子”“结构决定性质”“守恒”等作为关键词，解读化学学科的核心观念，形成基于化学学科观念认识物质世界的意识和能力	三、四

研修主题 3：化学学科发展历程和发展趋势			
编号	专题	内容要点	对应水平
1-1-5	化学学科发展历程	围绕初中化学教学内容，介绍化学史上的关键事件，梳理化学发展历程，把握推动学科知识发展的核心问题、关键证据和论证过程，体会科学家的严谨态度和创新精神及其对学科发展的巨大贡献	一、二
1-1-6	化学学科前沿	介绍与初中化学教学密切相关的化学学科发展前沿和应用前沿，了解化学学科的发展趋势，体会化学基础知识和核心观念在学科中的发展与应用	三、四

（二）初中化学课程理解

【培训目标】

1.（课程性质和课程目标的理解）能清晰地表述义务教育阶段化学学科的课程性质和课程目标，在教学中努力体现课程目标，注意培养学生的社会责任感、参与意识和决策能力，并将其作为教学反思和教学评价的依据。

【能力诊断】

水平	你最像下面哪一种？	自评（√）
四	（系统，行为）能清晰地表述义务教育阶段化学学科的课程性质和课程目标，在教学中努力体现课程目标，注意培养学生的社会责任感、参与意识和决策能力	
三	（观念）知道课程性质和课程目标，并将其作为教学反思、教学评价的依据之一	
二	（关联）能按照课程标准大致说出课程性质和课程目标，但不能在教学中主动将其作为重要依据	
一	（零散或缺失）不关注课程性质和课程目标，在被问及时才会零散地想起有关内容	

【培训目标】

2.（课程内容的认识）能说出初中化学课程五个一级主题及其二级主题，知道一级主题之间的关系和各主题的主要教学内容；能分析教科书与课程标准主题、内容之间的关系，理解教科书的内容安排逻辑。

【能力诊断】

水平	你最像下面哪一种？	自评（√）
四	（系统，应用）能说出初中化学课程的五个一级主题和若干二级主题，知道一级主题之间的关系和各主题的主要教学内容，知道义务教育阶段化学课程中的化学核心概念和学科观念；能分析教科书与课程标准主题、内容之间的关系，理解教科书的内容安排逻辑	

续表

水平	你最像下面哪一种？	自评（√）
三	（系统）能说出课程标准规定的五个课程内容主题，了解五个主题的主要教学内容和发展逻辑，知道学生在五个主题上的发展相互依存，互相促进	
二	（关联）知道课程标准规定的五个课程内容主题，能将教科书内容与五个主题建立关联	
一	（零散）按照教科书顺序教学，不关注课程标准中的课程内容主题	

【培训目标】

3.（学生学习进阶的把握）能系统说明学生在不同主题学习中的知识发展脉络、认识发展脉络、能力素养发展脉络及其相互关系，整体规划学段教学。

【能力诊断】

水平	你最像下面哪一种？	自评（√）
四	（素养，系统）能系统地说明学生在不同主题学习中的知识、认识素养、能力素养发展脉络及其相互关系，兼顾不同学段的素养发展，并据此整体规划学段教学，构建学科素养发展路径	
三	（认识素养、能力素养，举例）能基于认识素养发展和能力素养发展关注学生学习的起点和素养发展目标，能建立起知识学习与认识、能力发展的初步关系，能举例说明认识素养和能力素养发展脉络	
二	（知识体系，教科书顺序）关注学生学习的起点，在教学中会考虑学生已有的知识技能基础，能依据教科书章节顺序说明知识发展脉络	
一	（零散、无系统）只有在被问及或有提示的情况下，才会考虑学生发展过程，不关注学生的学习发展路径	

【培训课程】

研修主题 4：初中化学课程内容			
编号	专题	内容要点	对应水平
1-2-1	基于课程内容标准理解教科书	以一种版本教科书为线索，结合教科书内容梳理初中化学课程内容，使教师明确初中化学课程目标、内容体系、评价要求、教学建议等	一、二
1-2-2	基于课程目标理解不同版本的教科书	基于学科内容体系的认识发展功能价值分析比较不同版本教科书，了解不同版本教科书在内容组织、逻辑顺序、活动设计、评价目标等方面的特征，理解各版本教科书的呈现与课程标准的关系	三、四

研修主题 5：学生学科素养发展路径			
编号	专题	内容要点	对应水平
1-2-3	义务教育阶段学生化学学科能力发展空间	根据基础教育课程改革纲要、小学科学课程标准、义务教育阶段和普通高中化学课程标准，以及义务教育阶段相关学科的课程标准，明确学生应有的初中化学学习起点、学科观念及学科各内容主题的发展路径	一、二
1-2-4	初中阶段学生科学素养发展的障碍点及突破对策	在明确义务教育阶段学生化学学科发展空间的基础上，了解学科观念发展和各内容主题发展的主要障碍点及突破策略	三、四

（三）初中化学教学设计与实施

【培训目标】

1.（教学理念和教学方式）综合科学探究、STSE（科学·社会·环境·教育）等多种教学方式以促进学生认识发展（能力素养提升）为主要目标进行教学设计。

【能力诊断】

水平	你最像下面哪一种？	自评（√）
四	（认识发展，综合应用多种教学方式，具备经验图式）以促进学生认识发展、能力素养提升等为主要教学目标，清楚科学探究、STSE 等教学方式的价值内涵、教学特征，熟练整合应用多种教学方式，并形成成功教学案例	
三	（认识发展，多种教学方式，强调程序性知识的教学）以促进学生认识发展为主要教学目标，了解科学探究、STSE 等教学方式，知道这些教学方式的内涵和基本特征，多次尝试这些教学方式，了解部分典型案例	
二	（知识解析，讲授、探究、STSE、演示，侧重陈述性知识的教学）以知识解析为基本教学目标，大致了解并认同科学探究、STSE 等教学方式，偶尔会尝试使用，但主要是为了达成知识解析的教学目标	
一	（知识解析，讲授、演示）以知识解析为基本教学目标，以教师讲授为基本教学方式，实验活动以演示实验为主	

【培训目标】

2.（教学设计系统）知道教学设计包括教学内容分析、学情分析、教学目标确定、教学思路过程设计、评价设计等要素，教学设计中同时关注知识、方法、能力等多个角度及知识、问题、活动、素材等多条线索。

【能力诊断】

水平	你最像下面哪一种？	自评（√）
四	（系统要素，多角度、多线索）能基于课程目标，从学科知识体系和学科价值角度进行教学内容分析；能从知识、方法、能力、素养等多个角度有依据地进行学情分析；能依据教学内容分析和学情分析，确定恰当的教学目标；能依据教学目标，熟练地运用学科知识线索、认识发展线索、问题线索、学生活动线索、教学素材线索等多条并进的方式进行教学过程设计；能依据教学目标进行教学评价设计	

续表

水平	你最像下面哪一种?	自评（√）
三	（关联要素，多角度、多线索）进行教学设计时能自主进行教学内容分析、学情分析、教学目标确定、教学结构和过程设计、评价设计等，不仅关注知识角度，还会关注学科思想方法、能力角度；进行教学过程设计时能同时关注知识、问题、活动、素材等多条线索	
二	（零散要素，知识逻辑）进行教学设计时能自主完成教学内容分析、学情分析、过程设计、评价设计等方面，但分析角度只关注知识；教学过程设计以知识为基本逻辑线索，有时会考虑问题、活动或素材等其他线索	
一	（要素缺失，知识逻辑）教学设计只是对教科书顺序的程序化呈现或者模仿已有教学设计，较少自主完成教学内容分析、学情分析、教学评价分析；教学过程设计只考虑知识逻辑线索	

【培训目标】

3.（教学实施技能）能综合运用基本教学技能、现代教育理论和教育技术创新教学方式实现教学目标。

【能力诊断】

水平	你最像下面哪一种?	自评（√）
四	（体现现代教育发展的技术手段，自主研发资源，实现“互联网+”）了解现代教育技术的发展，具有完成探究教学、STSE教学等基于现代教育理论的教学方式的技能，促进学生认识发展，能运用概念图和思维导图等现代工具探查学生的概念理解和认识发展情况；主动学习并掌握先进的技术手段，自主研发新的教学资源；充分利用“互联网+”的优势，开展微课制作、翻转课堂、协同学习、建立学习社区等，创新教学方式和学习方式	
三	（丰富多样的技术手段，恰当整合或融合）具有较为丰富的活动组织经验，开展合作学习、真实问题解决，促进学生认识发展，掌握现代教育理论要求的探查学生原有认识、思路外显、概括总结等教学技能；掌握较为丰富的技术手段，将虚拟实验、微观模拟等视频、动画与教学有机整合，能开展在线讨论学习和简单的微课制作	

续表

水平	你最像下面哪一种？	自评（√）
二	（结合教学需要，使用现代教育手段）除了具有组织教学、讲解、示范、演示教学内容等基本技能外，还能利用网络获取教学资源，结合教学需要，组织学生开展合作活动，使用多媒体手段辅助教学	
一	（基本技能）具有组织教学、完整讲授教学内容、示范习题解答过程、进行演示实验、运用板书和 PPT 展示教学内容等基本教学技能	

【培训课程】

研修主题 6：化学教学设计的理论与方法			
编号	专题	内容要点	对应水平
1-3-1	化学教学设计的基本范式、特征和方法	明确教学设计应包含教学内容分析、学情分析、教学目标设计、教学方法设计、教学过程设计、教学评价设计等要素。这些要素具有紧密的逻辑关系。其中教学过程设计可通过知识线索、认识发展线索、问题线索、学生活动线索、教学素材线索等多线索的设计实现	一、二
1-3-2	基于单元整体的化学教学设计	以学科素养提升和学科能力发展为主线进行单元教学规划，介绍以促进学生认识发展、科学探究、STSE 为核心线索的单元设计的基本思路和方法，探讨教学实施中的关键问题和解决策略，展示典型教学案例并进行分析	三、四

研修主题 7：教学基本功			
编号	专题	内容要点	对应水平
1-3-3	化学教学基本技能	讲解和训练课堂教学实施技能，包括：教学引入技能、课堂教学组织技能、讲授技能、板书技能、多媒体使用技能、提问互动技能、实验演示技能、总结技能等	一、二

续表

编号	专题	内容要点	对应水平
1-3-4	基于现代教育理论和信息技术的化学教学技能	以促进学生认识发展、科学探究、STSE为基本教学理念的教学技能讲解和训练，包括：探查和展示学生原有认识的技能，指向学生认识发展的提问技能，落实认识发展结果的技能，提出驱动性探究问题的技能，组织开放性实验活动的技能，组织交流研讨的技能，分析展示真实问题情境素材的技能等。了解现代信息技术的进展，探讨现代信息技术在化学教学中的应用。例如，了解化学专业软件的功能、虚拟现实等技术的发展，学习基于信息技术的实验仪器的使用和实验演示，讨论信息交互工具作为学习工具在课堂的应用，尝试开发基于信息技术的教学资源等	三、四

（四）初中化学教学评价与反馈

【培训目标】

1.（评价理念和基本方式）能根据教学目标确定评价目标，利用纸笔测验、表现性评价、档案袋评价等多种评价方式，发挥形成性评价、终结性评价的不同作用，促进学生发展。

【能力诊断】

水平	你最像下面哪一种？	自评（√）
四	（关注知识、技能、能力、素养，多元主体，多种评价方式）能基于学科能力和学科素养指标系统，设定课时、单元、学段评价目标，形成评价双向细目表；能利用纸笔测验、表现性评价、档案袋评价等多种评价方式；注意引导学生、家长等不同主体有效参与评价；能发挥形成性评价、终结性评价的不同作用，促进学生发展	

续表

水平	你最像下面哪一种？	自评（√）
三	（关注知识、技能、能力，师生为评价主体）能根据课时教学目标、单元教学目标，分别确定课时、单元评价双向细目表，依据双向细目表，结合纸笔评价和表现性评价方式，对学生的知识、技能、能力等多方面发展进行评价；注意发挥学生自主评价作用	
二	（关注知识与技能，评价主体单一）能根据课时教学目标确定评价目标，不仅关注知识评价，还针对学生技能发展进行评价，评价主体为教师	
一	（只关注知识，评价主体单一）缺乏教学评价规划，只关注知识评价，评价主体为教师	

【培训目标】

2.（评价内容及工具设计）根据评价双向细目表，整合多种评价资源，开发评价工具，对学生进行全面评价。

【能力诊断】

水平	你最像下面哪一种？	自评（√）
四	（基于学科能力和素养进行规划，创新评价设计）基于学科能力和学科素养评价指标，根据评价双向细目表，利用纸笔测验、表现性评价、档案袋评价等多种评价方式，设计评价方案，必要时自编习题、开发评价量表对学生进行全面评价	
三	（有双向细目表规划，多种评价资源，表现性评价设计）根据评价双向细目表，利用教科书、教辅材料中的各种评价资源，如习题、活动、阅读资料等，设计纸笔测验、活动表现评价量表、档案袋评价方案	
二	（有评价目标，选择习题，表现性评价意识）能根据评价目标选择、重组或修订教科书或教辅材料中的已有习题对学生进行评价；能针对实验技能评价提出评价要点	
一	（不开发评价工具，使用已有习题）只依据教科书或教辅材料中的已有习题布置作业、测查等	

【培训目标】

3.（评价结果分析及反馈）能运用统计方法描述分析评价结果，给予学生知识、技能、能力等多方面反馈以引导学生自我反思，并进行教学调整。

【能力诊断】

水平	你最像下面哪一种？	自评（√）
四	（多角度评价习题质量并提出修订意见，灵活运用数据统计及表达，关注能力、素养的评价反馈，教学问题归因）能根据评价双向细目表等评价规划评价习题分布的合理性，能从题目任务类型的复杂度、题目情境的陌生度和复杂度、题目推理步数的多少、学生是否熟悉考察的思考角度以及是否给予角度提示等多个方面对习题进行精细评价，并能提出改进意见；能利用统计工具分析评价工具的信效度，尝试利用统计工具从学科知识、能力、素养等多方面对教学问题进行全面、精确的诊断，既包括对学生的诊断，如明确学生在知识、认识角度、思路与方法上的差异及其影响因素，也包括对教师的诊断，如教师对学情把握的精准性，对题目考查意图判断的准确性等；能通过评价反馈帮助学生实现对学习过程、学习结果的自我反思和监控，发现教学问题并及时进行教学调整	
三	（根据评价规划评价习题质量，常规数据统计及表达，关注技能、能力的评价反馈）能根据评价双向细目表等评价习题质量，能完成平均分、标准差等常规数据统计，并通过图表等多种方式描述分析结果；关注学生典型表现；能依据多种评价方式的评价结果给予学生知识、技能、能力等方面的反馈，引导学生自我反思，教师也尝试做出教学调整	
二	（基于知识和难度评价习题质量，基本数据统计，关注知识，有教学问题意识）能根据习题考查的核心知识与教学的匹配情况以及习题的难度粗略评价习题质量，能完成评价数据采集，进行平均分、及格率、题目正确率等基本数据统计；评价反馈不仅要告诉学生正确答案，还要关注学生学习状态，发现教学问题	
一	（无习题质量评价，简单统计，关注知识）只关心平均分、及格率、优秀率等评价数据结果，目的是进行学生间、班级间的比较；对评价结果的反馈主要是告诉学生正确答案，使学生能正确完成习题	

【培训课程】

研修主题 8：化学教学评价设计的理论与方法			
编号	专题	内容要点	对应水平
1-4-1	基于知识和技能的教学评价	确定教学评价目标，制作评价双向细目表，设计纸笔评价，编制题目	一、二
1-4-2	基于能力和素养的教学评价	明确义务教育阶段化学学科能力指标和学科素养指标及描述，基于学科能力和学科素养的评价指标体系设计评价规划，并选择编制评价题目	三、四

研修主题 9：教学评价工作坊			
编号	专题	内容要点	对应水平
1-4-3	基于纸笔评价的分析与反馈	纸笔评价数据统计与分析，包括采集数据，使用 Excel 或 SPSS 软件，对平均分、中位数、离散度、得分率等常用统计数据的含义解读及直观表征等	一、二
1-4-4	学科能力和学科素养评价的实施、分析与反馈	学科能力和学科素养评价的数据采集，包括纸笔测查的定量数据以及访谈、现场操作等定性或半定量数据，定量数据的统计与分析，定性数据的编码和分析	三、四

（五）初中化学教学研究与改进

【培训目标】

1.（教学反思）系统反思教学设计、教学实施、教学评价等环节的问题，从学生思维方法及认识方式建立等方面进行深入的实质归因。

【能力诊断】

水平	你最像下面哪一种	自评（√）
四	（系统反思，实质归因）系统反思教学设计、教学实施、教学评价等方面的问题，从学生思维方法及认识方式建立等方面进行深入的实质归因	

续表

水平	你最像下面哪一种	自评（√）
三	（多角度反思，合理归因）从教学和学习等角度反思教学过程和效果，进行合理的归因，并通过学习借鉴、自主思考等途径寻求办法解决问题	
二	（零散地反思教学过程和效果，进行表面归因）根据学生课堂表现和考试评价反思教学中的问题，并进行简单分类和表面归因	
一	（感性、笼统地描述教学感受）根据学生习题回答的正确率判断教学效果，认为教学效果不好的原因主要是生源差或教学条件差，自己无力改善	

【培训目标】

2.（教学研究方法的运用）能运用问卷调查、学生访谈、对比试验等常见教学研究方法开展教学研究。

【能力诊断】

水平	你最像下面哪一种？	自评（√）
四	（系统）熟练运用问卷调查、学生访谈、对比试验等常见教育研究方法对化学教学相关问题开展研究	
三	（关联）了解问卷调查、学生访谈、对比试验等常见教育研究方法，能对化学教学相关问题开展研究	
二	（零散）学习过教学研究方法，但没有完整的教学研究经验	
一	（缺失）基本不了解教学研究方法	

【培训目标】

3.（促进教学改进的行动研究）积极与同伴合作开展基于教学问题解决的行动研究，并形成一定的研究成果。

【能力诊断】

水平	你最像下面哪一种？	自评（√）
四	（引领研究）有通过教学研究不断发展自我的意识，能规划系列教学研究，乐于与同行沟通、交流，建立伙伴关系，并引领同行共同开展基于教学问题解决的行动研究	
三	（自主研究）有自主完成行动研究的经历，具备搜集与阅读教育文献、策划与实施研究方案、形成研究结论等研究能力	
二	（研究意识）愿意与同行交流，参与教研活动，但自己没有独立完成过教学研究	
一	（缺失）很少阅读相关教育文献，没有教学研究经历	

【培训课程】

研修主题 10：教学改进的行动研究			
编号	专题	内容要点	对应水平
1-5-1	教学研究改进的基础训练	展示教学研究案例，分析研究问题的选取背景、研究方法、研究进程、研究结论，模仿研究案例展开真实的教学研究	一、二
1-5-2	专家支持下的自主研究	基于专家诊断，帮助教师改进已有的教学研究计划，并实施优化后的研究活动，形成研究成果	三、四

研修主题 11：化学教学课题研究			
编号	专题	内容要点	对应水平
1-5-3	课题研究的基本过程与成果呈现	自主描述参与课题研究的体会，交流课题研究的基本过程和校本研究策略，概括研究结果，反思研究中的问题	一、二
1-5-4	课题研究设计	针对自己教学中遇到的问题展开教学研究活动。说明研究问题是什么，初步的研究假设是怎样的，计划通过怎样的研究过程完成这个研究，希望得到的研究结果是什么。尝试与2~3名合作者一起研究	三、四

二、科学探究主题

（一）科学探究主题的内容及价值理解

【培训目标】

1.（科学探究理解）认识科学探究的内涵和特征；熟悉科学探究核心要素（问题、猜想、假设、证据、实验、模型、解释等），能结合化学探究活动理解各要素之间的关系；了解化学科学探究活动的不同类型（事实探究、规律探究和原理探究，性质、规律、组构成、检验与制备探究），了解不同类型探究活动在认识对象和思维过程上的特点和差异。

【能力诊断】

水平	你最像下面哪一种？	自评（√）
四	（系统，设计应用）明确探究各要素的思维本质，能对科学探究活动进行多角度分类，知道不同类型化学探究活动的探究角度及关键问题（如物质性质探究提出问题的特点，规律探究提出问题的特点）；能基于要素设计化学探究活动	
三	（系统，解释）能说出科学探究要素及要素之间的关系（如假设与证据的关系），能说出不同类型探究在探究各要素组成和关系之间的一致性和差异性	
二	（关联）能说出科学探究的核心要素，能针对具体化学探究活动说出其中包含的部分要素；能对化学探究活动进行简单分类	
一	（零散）能零散地说出科学探究的部分要素，针对特定化学探究活动难以说出其包含的具体要素	

【培训目标】

2.（教学价值认识：学科价值、社会价值、学生发展价值）认识科学探究在推动化学科技进步方面的价值；理解科学探究在知识建构、思维发展和科学态度、观念养成等方面的教学价值；认识提出问题、做出猜想、进行实验、建构模型、得出结论等对科学探究的重要价值。

【能力诊断】

水平	你最像下面哪一种？	自评（√）
四	（系统、辩证、深入）能站在社会、历史发展的视角更深刻地理解科学探究在推动化学科技进步方面的价值和局限性；理解科学探究在知识建构、思维发展和科学态度、观念养成等方面的教学价值；认识提出问题、做出猜想、进行实验、建构模型、得出结论等对科学探究的重要价值，在平时的教学中能有意识地予以体现	
三	（系统）能全面认识科学探究在促进化学学科发展，促进学生知识建构、思维发展及观念养成等方面的教学价值，并在教学中有意识地关注	
二	（关联）能举例说明科学探究如何促进化学学科发展；认识到探究教学对于培养学生探究能力的意义	
一	（缺失，片面）对科学探究的独特价值缺乏认识，认为科学探究是一种形式化的教学方式	

【培训目标】

3.（课程理解与把握）掌握课程标准对通过科学探究增进学生对于科学探究的理解、发展科学探究能力、学习基本的实验技能、完成基础的学生实验的具体要求；了解科学探究在身边的化学物质、物质构成的奥秘、物质的化学变化、化学与社会发展等主题中的发展要求；了解不同阶段（小学科学、初中化学、高中化学）、不同学科（初中物理、化学、生物等学科）与科学探究相关的课程内容和教学要求。

【能力诊断】

水平	你最像下面哪一种？	自评（√）
四	（纵向发展、横向关联的认识）了解不同阶段（小学科学、初中化学、高中化学）、不同学科（初中物理、化学、生物等学科）与科学探究相关的课程内容和教学要求	
三	（全面，基于目标、内容和方式的认识）在知道化学课程涉及的科学探究内容的基础上，能全面地说出义务教育阶段化学课程对通过科学探究增进学生对于科学探究的理解、发展科学探究能力、学习基本的实验技能、完成基础的学生实验的具体要求及相关内容	

续表

水平	你最像下面哪一种？	自评（√）
二	（全面，基于内容的认识）了解化学课程中渗透在身边的化学物质、物质构成的奥秘、物质的化学变化、化学与社会发展主题中的科学探究内容	
一	（零散，基于内容的认识）能零散地说出与科学探究主题相关的课程内容	

【培训目标】

4.（教科书理解与教学内容组织）认识教科书涉及的主要探究活动，了解相关探究活动的设计意图及其对学生探究能力的发展价值；能对教科书涉及的探究活动进行多角度分类，明确不同类型探究活动的思维特点及相关的主要方法；理解同类型探究活动在不同章节中有不同水平要求，如氧气、二氧化碳、金属、酸碱盐等性质探究对学生有不同的要求。

【能力诊断】

水平	你最像下面哪一种？	自评（√）
四	（基于学生发展的教科书理解，进阶设计）能全面说出科学探究内容在教科书中的位置、呈现方式及其特点；在理解教科书中探究内容编写意图的基础上，能梳理教科书基于同类型探究活动为学生设置的发展路径	
三	（基于内容的教科书理解，探究内容价值）能说出教科书中涉及的主要探究活动及其分布情况，明确相关探究活动的设计意图；能举例说明针对相同内容，不同教科书的活动设计在思维特点和教学价值上的差异	
二	（基于内容的教科书理解，探究内容组织）能描述教科书中涉及的主要科学探究内容及其分布情况	
一	（基于内容的教科书理解，探究点）能零散地说出教科书中涉及的主要探究活动	

【培训课程】

研修主题 12：认识科学探究			
编号	专题	内容要点	对应水平
2-1-1	科学探究及其一般过程和方法	针对具体化学内容开展系列科学探究活动，基于探究活动探讨科学探究的内涵；理解科学探究的基本过程和核心要素；掌握化学科学研究的基本过程与方法	一、二
2-1-2	关于科学探究过程和方法的常见问题解析	针对具体化学内容开展系列科学探究活动，描述探究活动过程的思维过程，梳理探究过程的思维障碍；认识各种特定类型探究活动的基本思路和方法	二、三
2-1-3	科学哲学视角下的科学探究活动解析	观看科学史视频，解读经典科学哲学思想，梳理科学发展过程中体现的科学过程和方法，从科学哲学视角理解科学探究的经验性、理性、创造性和暂定性本质	三、四

研修主题 13：科学探究主题的教学内容及教学价值分析			
编号	专题	内容要点	对应水平
2-1-4	课程标准与教科书中的科学探究主题解读	对课程标准中的科学探究主题进行解读；分析教科书中的科学探究主题的组织呈现方式和编写思路	一、二
2-1-5	基于多版本初中化学教科书的探究活动分析	对比分析不同版本教科书涉及的科学探究主题的教学内容及其设计意图，按照思维过程的异同对探究活动进行分类，分析不同类型活动的基本思路和方法，明确其教学价值	二、三
2-1-6	自主设计与开发科学探究主题的教学内容	基于初中、高中各阶段科学探究主题的教学内容分析及阶段性要求，解析国内外科学探究主题的教学内容设计与组织，引导教师对教科书中科学探究主题的教学内容进行重组和调整，自主设计课程与教学内容，组织教师进行交流与评价	三、四

（二）科学探究主题的学生发展空间分析

【培训目标】

1.（已有基础）能诊断学生的科学探究水平并描述其典型水平表现，判断其与应然水平的差距；知道学生在小学科学课和初中物理课、生物课中形成的对科学探究的理解，已经具备的相关具体知识、科学探究能力、相关探究活动经验等；能有意识地选择工具探查学生的科学探究基础。

【能力诊断】

水平	你最像下面哪一种？	自评（√）
四	（全面且具体，自主设计诊断）能自主选择和设计探查方法和工具，探查学生在具体探究活动情境下对科学探究的理解及其科学探究能力、相关探究活动经验以及科学态度和观念等，并能基于探查结果进行诊断	
三	（全面且具体，有探查意识）能根据已有经验深入分析学生对科学探究的理解及其科学探究能力、相关探究活动经验以及科学态度和观念，能通过具体探究活动对学生的探究基础进行具体描述；有意识地通过具体探究活动探查学生的探究基础	
二	（全面但泛化、经验化）能从学生对科学探究的理解及其科学探究能力、相关探究活动经验等角度描述学生的已有探究基础	
一	（笼统，零散）在提示的情况下，能零散地说出学生掌握基本实验技能和科学探究方法的基本情况	

【培训目标】

2.（发展需求）知道学生对于科学探究应建立的基本理解，应形成的问题、证据意识，以及利用科学思维方式和方法解释、解决化学学科及社会生活问题的基本思路；结合学生的已有基础，能描述学生的发展空间；知道学生感兴趣的探究内容和探究活动类型，能有意识地探查学生的认识需求，清楚探查的基本方法。

【能力诊断】

水平	你最像下面哪一种?	自评（√）
四	（调整、设计）能从学生对于科学探究的理解、科学思维发展和科学态度、科学观念转变的融合视角描述学生的发展需求，能对学生的发展需求进行自主探查	
三	（明确思路与方法，有意识）知道学生对于科学探究应建立的基本理解，应形成的问题、证据意识，以及利用科学思维方式和方法解释、解决化学学科及社会生活问题的基本思路；能结合学生的已有基础描述学生的发展空间；能有意识地关注学生的认识需求，知道学生感兴趣的探究内容和探究活动类型	
二	（依据教科书，全面，具体技能方法）能说出学生关于科学探究应建立的基本理解，应获得的基本实验技能、探究能力和方法；能针对学生的实际情况描述学生在知识、技能和能力方面的发展空间，比较全面地说出学生感兴趣的探究内容和类型	
一	（依据教科书，零散，技能方法）只能零散地描述学生实验技能掌握、科学知识获得和科学探究方法掌握的阶段性目标，以及学生关于科学探究的认识兴趣和认识需求	

【培训目标】

3.（障碍点）知道学生学习科学探究主题的障碍点，如对探究目的、证据和结论从孤立认识到明确三者之间的关系，从无根据的臆测到基于证据和理论的推测，从资料查阅、自然观察到实验观察；从简单的事实归纳到基于证据的推理论证等；能针对特定探究活动分析学生开展探究活动过程的主要困难和具体障碍点。

【能力诊断】

水平	你最像下面哪一种?	自评（√）
四	（找准，归因，对策）能准确说出学生在问题提出、猜想与假设、实验设计与实施、利用证据进行推理论证等过程中存在的障碍点及其原因，并能针对学生的关键障碍点说出有效解决策略	

续表

水平	你最像下面哪一种?	自评(√)
三	(思路与方法)能描述学生在问题提出、猜想与假设、实验设计与实施、利用证据进行推理论证等过程中存在的思维障碍点及其原因	
二	(具体,技能、方法,原因)能具体地概括学生的实验技能、科学方法在科学探究活动中存在的具体困难和原因	
一	(笼统、零散)能在提示的前提下笼统地说出学生在学习科学探究主题相关内容时可能存在的困难和认识偏差	

【培训目标】

4.(发展路径)清楚学生关于科学探究主题的具体发展路径,探究角度从定性研究到定量探查,探究内容从单一物质性质探究到一类物质性质探究,从共性探究到差异探究;基于初中、高中必修和选修不同阶段的要求,整体规划学生在知识建构、科学思维和科学态度、观念养成等方面的发展。

【能力诊断】

水平	你最像下面哪一种?	自评(√)
四	(调整和设计)能基于对科学探究的理解,以及科学探究技能、科学思维发展和科学态度、科学观念的转变目标,结合学生需求和障碍点,对教科书的内容进行调整,自主设计科学探究发展路径	
三	(基于素养发展,思路与方法,观念)能基于学生科学思维的发展认识教科书设计的从单一物质性质探究到一类物质性质探究,从共性探究到差异探究的科学探究基本发展路径	
二	(基于教科书,全面)能依据教科书比较全面地分析说明学生掌握实验技能和探究方法的发展路径	
一	(依据教科书,零散)能依据教科书零散地描述探究活动的设计顺序,笼统地说出探究活动的难度有变化	

【培训课程】

研修主题 14：学生关于科学探究主题的发展目标、已有基础和障碍点			
编号	专题	内容要点	对应水平
2-2-1	学生关于科学探究主题的已有基础、障碍点及需求	对案例进行对比分析，概括和分析学生已有基础和障碍点的重要教学价值；交流学生进行化学学习或进入具体探究内容学习前对科学探究的已有认识和探究能力基础，分析、讨论和交流学生的学习需求；介绍和分析关于初中学生科学探究主题已有知识结构和学习需求的相关研究	一、二
2-2-2	科学探究主题学情探查设计及结果分析的方法	明确对学生的科学探究障碍点进行探查的基本视角，分析学生科学探究障碍点框架；介绍探查学生对科学探究的理解及其科学探究能力等内容已有基础的基本方法和具体工具，针对探查结果的分类分析	二、三
2-2-3	自主研究探查学生科学探究主题的已有基础和障碍点	采取课前任务形式，要求学生自选科学探究主题内容自主设计问卷、测查题等探查工具，并对所教班级学生施测。在培训过程中对测查结果进行统计分析，对探查工具的合理性进行评价，并基于评价结果进行再设计	三、四

研修主题 15：学生关于科学探究主题的发展路径			
编号	专题	内容要点	对应水平
2-2-4	课程标准提供的科学探究主题发展空间和发展路径建议	明确不同学段初中、高中学生进行科学探究的阶段性目标；学生经历初中阶段化学学习后达成的对科学的基本认识，对科学探究技能、科学探究方法和过程的掌握以及科学态度的转变等基本目标；明确学生在探究过程和方法以及科学态度、科学本质认识等方面的发展路径	一、二

续表

编号	专题	内容要点	对应水平
2-2-5	教科书设计的科学探究主题发展路径	分析教科书设计的从个别物质性质、制备、应用探究到类属性探究，从物质变化探究到能量变化探究，从定性探究到定量探究，从宏观考察到微观探索的基本探究发展路径，明确同类型探究活动对学生发展的进阶要求	二、三
2-2-6	自主设计初中学生科学探究主题发展路径	根据课程标准的要求和学情分析，结合教科书中科学探究内容的编排特点，自主规划设计初中学生的科学探究主题发展路径，并组织教师进行交流与评价	三、四

（三）科学探究主题的教学目标确定和教学评价设计及诊断指导

【培训目标】

1.（设计教学目标）能根据课程内容，依据学生的发展空间和发展路径，确定合理的关于探究维度的阶段目标、单元目标及课时目标，能从对科学探究的理解、科学探究能力和特定类型探究活动经验等方面设计具体的教学目标。

【能力诊断】

水平	你最像下面哪一种？	自评（√）
四	（基于素养发展，单元整体）能基于学生科学探究主题的发展空间和核心知识价值，将知识目标、科学探究能力目标、特定类型探究活动经验、科学态度与观念发展目标高度融合；能自主设计基于先进教学理念，有核心价值取向的探究教学阶段目标	
三	（单元整体，基于学生）能根据课程内容、学生发展空间和路径分析，确定合理的关于探究的阶段目标、单元目标及课时目标，能从对科学探究的理解、科学探究能力和特定类型探究活动经验等方面设计探究教学单元目标和具体探究活动目标	
二	（有依据，一般方法、态度）理解确定教学目标的价值，能依据课程、教科书设计知识维度、科学探究的一般过程与方法维度、科学态度与观念维度的教学目标	

续表

水平	你最像下面哪一种？	自评（√）
一	（基于经验）没有目标意识或只基于经验设计知识维度和实验技能维度的教学目标	

【培训目标】

2.（评价规划）能基于学生的发展空间，从学生对科学探究的理解、科学探究能力（提出问题、猜想假设、实验设计与实施、推理论证、表达交流等）、科学态度等维度进行整体评价规划。

【能力诊断】

水平	你最像下面哪一种？	自评（√）
四	（目的、内容、水平、评价方式多方面规划）能从对科学探究的理解、科学探究能力（提出问题、猜想假设、实验设计与实施、推理论证、表达交流等）、科学态度等方面进行多维度、多层次的评级内容、水平要求、目的、方式的整体评价规划	
三	（维度全面，整体规划）能从对科学探究的理解、科学探究能力、科学探究相关经验和科学态度与观念的养成等维度进行评价指标、水平要求等的整体评价规划	
二	（技能、方法，规划）能依据课程标准和教科书有意识地对学生掌握技能和探究方法的情况进行评价规划	
一	（基于经验）凭经验对学生科学探究活动进行评价，缺乏评价规划意识	

【培训目标】

3.（开发评价工具）能依据评价规划，开发课堂探究任务，制定评价标准并设计表现评价观测表，选择和设计课后拓展性探究任务和探究性试题；选择和开发针对学生档案袋内容进行评价的工具。

【能力诊断】

水平	你最像下面哪一种?	自评(√)
四	(整体设计，活动表现评价)能基于学生的发展空间，从对科学探究的理解、科学探究能力、科学探究相关经验和科学态度与观念的养成等维度对评价内容、水平要求、目的、方式进行整体改造，开发课堂探究任务，制定评价标准并设计表现评价观测表，选择和设计课后拓展性探究任务和探究性试题	
三	(内容多维，选择并调整)能依据对科学探究的理解、科学探究能力、科学探究相关经验和科学态度与观念的养成等多维的评价规划，选择探究性习题、活动表现评价任务及评价工具进行评价	
二	(有选择)能根据评价规划，对教科书和教辅资料中的探究性习题和拓展性探究任务进行选择	
一	(照搬，习题)直接使用教科书、教辅资料涉及的探究性习题进行评价	

【培训目标】

4.(教学诊断、反馈及反思)能基于学生在探究活动中的表现、探究性作业及拓展性任务的完成情况，就学生对科学探究的理解、对科学探究要素的掌握以及学生的科学探究能力和特定类型探究活动经验等方面的教学目标达成情况及存在的教学问题进行诊断，分析影响目标达成、产生教学问题的原因；基于诊断结果，从目标的合理性、活动任务、组织引导与目标的匹配度等方面进行教学反思，并改进和调整探究活动设计和实施。

【能力诊断】

水平	你最像下面哪一种?	自评(√)
四	(深入归因，改进教学)能根据评价结果梳理学生在同类探究活动中的共性问题；能根据学生探究水平差异寻找关键差异点，探查根本原因，从认识层面和方法层面进行反馈、指导，对探究教学进行改进和调整	

续表

水平	你最像下面哪一种？	自评（√）
三	（多面归因，指导）能根据评价结果具体描述学生在知识提取和运用、探究路径和方法选用、科学态度等方面存在的不足；能针对学生的典型表现进行归类和水平划分；能从学生的知识储备、思维方式、方法等方面分析原因，并进行针对性的反馈、指导	
二	（简单分析）能有意识地对学生掌握探究要素、特定类型探究活动思路和方法的情况进行诊断，并进行简单归因和反馈	
一	（关注结果）对于评价结果，仅关注学生是否能够正确完成探究性习题	

【培训课程】

研修主题 16：科学探究主题教学目标的确定			
编号	专题	内容要点	对应水平
2-3-1	与科学探究相关的过程与方法、情感态度与价值观目标	在案例分析的基础上，对初中化学科学探究可能涉及的过程与方法目标，以及科学探究活动能够承载的情感态度与价值观目标进行解析，重点对科学本质观、科学态度、科学精神、化学观等目标进行解析	一、二
2-3-2	基于学情设计三维融合的教学目标	根据“科学探究”主题内容及教学价值的理解、学生发展空间的分析，确定三维融合教学目标的思路和方法，设计“科学探究”主题教学目标	二、三
2-3-3	不同维度教学目标的关系及其目标达成的关键策略	通过不同目标取向下的初中化学典型探究活动设计，感受目标对探究活动设计的指向作用，体会教学目标是教学设计的起点和归宿；认识科学探究活动承载的不同维度教学目标之间的关系；结合案例认识目标达成的关键策略，组织教师自主规划设计、交流讨论	三、四

研修主题 17：科学探究主题的评价指标和评价工具			
编号	专题	内容要点	对应水平
2-3-4	科学探究活动评价体验	通过完成特定探究案例，如燃烧的条件、质量守恒定律等初中学生探究活动的评价任务，促进教师认识到基于评价规划确定评价指标和工具对于科学评价学生探究活动表现的重要性；认识科学探究活动评价指标和工具的特点	一、二
2-3-5	科学探究评价指标与工具的解读与应用	进行典型探究活动表现性评价案例分析，介绍科学探究活动评价的主要指标，明确活动表现性评价的设计思路；对已有评价案例的评价结果进行解读，运用已有科学探究评价工具对学生的科学探究活动进行规范的评价	二、三
2-3-6	科学探究能力评价工具的自主开发与设计	针对具体探究活动，设计评价指标体系和活动表现评价表，明确设计科学探究评价工具的原则和策略，在科学探究实践中对学生进行评价，基于评价结果对学生探究活动和教师探究活动实施质量进行分析，并提出改进建议	三、四

（四）科学探究主题的教学过程设计

【培训目标】

1.（教学原则与策略）明确科学探究主题的教学特点、原则和策略，如探究问题的价值判断、探究活动开放度的把握、学生主体地位的发挥、探究活动中知识与过程目标的协调、探究活动思维本质的外化与凸显等教学问题及其应对策略。

【能力诊断】

水平	你最像下面哪一种？	自评（√）
四	（关键问题，核心策略）能阐述科学探究教学的关键教学问题及核心教学策略，如探究问题的价值判断、探究活动开放度的把握、学生主体地位的发挥、探究活动过程中知识与过程目标的协调、探究活动思维本质的外化与凸显等教学问题及其应对策略	
三	（全面的策略，原型－解析）能列举成功的科学探究教学案例，能结合案例阐述科学探究教学原则的内涵和有效探究教学策略的特点	
二	（主题教学特点，基本策略）能说出科学探究教学的基本原则和策略，如开放性、目的性、主体性、思维发展性等基本原则，探究活动的引发、组织指导和评价等方面的基本策略，知道科学探究的基本环节	
一	（照搬）基于已有演示实验或学生实验的教学经验开展“科学探究”主题教学，忽视探究教学的特点	

【培训目标】

2.（教学取向确定及教学环节设计）知道科学探究主题的几种教学取向，如以知识建构为本、以过程为本和以观念建构为本等；清楚探究教学的基本环节（明确问题、设计交流探究方案、实施方案获取证据、交流总结）。

【能力诊断】

水平	你最像下面哪一种？	自评（√）
四	（指向能力素养发展，综合全面考虑）能综合考虑知识逻辑、探究思维逻辑和学生的需求，所设计的问题和任务能够承载核心教学目标，落实学科素养	
三	（指向问题解决和认识发展）能有意识地设计核心任务和问题，任务或问题对探究活动的开展具有驱动作用；问题之间具有内在联系，体现知识的内在逻辑和特定类型探究活动的思维路径	

续表

水平	你最像下面哪一种？	自评（√）
二	（指向知识）关注落实具体知识和习题解决的问题设计，或对已有教学成果中的相关任务和问题进行简单选择和整合	
一	（照搬经验或教科书顺序）照搬教科书中的任务和问题，缺乏设计问题和任务的意识	

【培训目标】

3.（核心问题任务、问题线索及学生活动设计）能基于教学目标和学生的认知基础、认知需求设计化学核心任务；能依据探究的核心要素和解决探究问题的思维过程，对核心问题和任务进行合理拆解，设计子任务或下级驱动问题；注重问题的驱动性，问题关联体现知识的内在逻辑和特定类型探究活动的思维框架；让学生经历多样、真实、有意义的探究活动。

【能力诊断】

水平	你最像下面哪一种？	自评（√）
四	（自主设计，落实能力素养）能基于科学探究的核心问题，综合考虑科学探究的特点、学生的认识基础和认识需求，系统地设计问题线索；能设计基于科学探究过程思维本质、促进学生知识探索和建构的多元学生活动，以促进学生能力素养发展	
三	（关注知识落实，方法掌握）关注科学方法的掌握和科学思维方式的形成；能基于科学探究的核心要素，自主设计探究教学环节，学生活动形式多样	
二	（关注落实知识）关注通过探究获得化学知识，有意识地将教科书中的问题进行简单改造并设计相应的教学环节，如交流探究方案、实施方案、获取证据、交流总结等，但学生活动形式化	
一	（照搬）照搬教科书中的任务和问题，缺乏设计问题和任务的意识，学生活动仅限于听讲、做题	

【培训目标】

4.（素材证据的选取）依据探究内容特点规划证据类型和来源，选取适当素材促进和支撑学生提出问题、进行假设、设计探究方案、收集证据、获得结论。

【能力诊断】

水平	你最像下面哪一种？	自评（√）
四	（深度加工，多重价值）能充分利用网络媒体等多种信息资源广泛搜集相关素材，对素材进行合理选择和深度加工，发挥素材在推进科学探究活动进程、促进学生科学素养全面发展方面的多元价值	
三	（目的明确，改造使用）能基于素材功能，选择化学史、社会生活事件、化学实验事实等多方面素材，促进学生探究活动的顺利开展	
二	（照搬教科书）能基于落实相关知识的需要，直接使用教科书中提供的科学探究相关素材	
一	（缺失）将教科书中科学探究的相关内容整理成知识点，极少使用素材和例子	

【培训课程】

研修主题18：科学探究主题的教学特点、原则和策略			
编号	专题	内容要点	对应水平
2-4-1	科学探究主题的教学特点、教学原则和教学策略	结合实际教学案例，引导教师认识到科学探究教学要遵循开放性、目的性、主体性、思维发展性等原则，认识到在探究教学过程中要充分利用科学史、社会生活中的化学相关问题、化学实验等素材创设情境，引发学生认知冲突，引导学生提出有价值的探究问题；在探究过程中注意关注和引导学生思维，促进学生从化学的视角分析和解决问题，运用化学科学的思维方式和思维方法提出预设、设计实验，收集证据、得出结论；探究评价关注全面发展科学素养的基本策略	一、二

续表

编号	专题	内容要点	对应水平
2-4-2	科学探究主题教学关键问题与对策	结合实际教学案例，引导教师从目标的实现和探究活动的实施两个角度分析科学探究的关键问题，引导教师认识到促进学生对科学探究的理解，掌握个别物质性质、制备、应用探究和类属性探究，物质变化探究和能量变化探究，定性探究和定量探究，宏观探究和微观探究的基本过程和方法为科学探究教学关键问题；讨论交流在探究实施过程中如何有效地引发、组织指导和评价探究活动以实现相应的教学目标	二、三
2-4-3	实现学生认识发展的探究教学案例分析及其主要策略	结合教师自身探究教学实践和典型探究教学案例，梳理出影响探究教学顺利开展的核心问题；对教学问题的成因进行探查，并在此基础上探讨解决探究教学问题的可能策略，开展行动研究，实施策略进行教学；对教学进行观察和反思，判断探究教学问题是否获得解决，优化探究教学策略，并运用到教学实践中不断开展研究，最终获得问题解决的有效策略；形成基于特定探究活动背景（学生背景、内容背景和教师背景）的教学原则和教学策略认识，提高教学策略的选择和迁移能力	三、四

研修主题 19：探究教学过程的设计			
编号	专题	内容要点	对应水平
2-4-4	教科书科学探究活动设计分析	选取教科书中涉及的典型科学探究活动，分析核心问题和任务、活动和素材的设计特点和设计意图，引导教师对教科书中涉及的探究活动进行评价、筛选和优化；总结核心问题和任务以及设计具体探究活动的一般原则，尝试自主设计科学探究活动	一、二

续表

编号	专题	内容要点	对应水平
2-4-5	基于特定目标的科学探究活动设计	引导教师基于特定目标（核心概念建构、科学本质理解、决策能力发展等），结合学生已有基础，充分利用现代信息技术手段，自主设计相应的核心问题和任务以及具体探究活动，选择相应的学习素材形成完整的科学探究教学设计，在设计的不断研讨和完善过程中认识核心目标对问题、任务、活动设计和素材选择的影响，总结核心问题和任务的认识价值和教学价值，明确核心问题和任务设计的基本原则	二、三
2-4-6	建构科学探究活动设计评价指标体系课题研究	对具体探究活动设计案例进行评价，梳理科学探究活动设计的评价维度和具体指标，形成初步的评价指标体系，尝试对案例进行评价并给出改进建议；在课题研究过程中认识探究活动设计评价的视角及其背后体现的基本理念；对日常探究活动设计形成反思和评价意识，指导探究活动设计的优化	三、四

（五）科学探究主题的教学实施

【培训目标】

1.（教学目标与教学设计的课堂实现及其调整）能通过教学实施较好地实现教学目标；实施过程较好地体现了探究活动设计的理念和活动，充分体现了真实的科学探究过程；能根据探究活动中学生的真实活动表现和生成性问题，合理调整教学过程。

【能力诊断】

水平	你最像下面哪一种？	自评（√）
四	（落实素养目标）教学实施很好地落实素养教学目标，充分体现教学设计的问题与活动，能根据课堂上学生的实际情况，及时合理地调整教学进程	

续表

水平	你最像下面哪一种？	自评（√）
三	（落实过程目标）教学实施较好地落实过程与方法教学目标，较好地体现教学设计的问题与活动，能根据学生的实际情况，适当地调整教学	
二	（落实知识、技能目标）教学实施基本落实知识和技能教学目标，能较好地完成所设计的探究活动	
一	（不匹配）教学实施与教学目标、探究过程设计差异大	

【培训目标】

2.（基本教学技能）具备独立进行科学探究的能力，具备基于学生探究活动表现进行指导以提高学生对话交流、活动开展、证据收集和归纳总结的能力，促进学生思维发展、观念养成。

【能力诊断】

水平	你最像下面哪一种？	自评（√）
四	（创造性使用）能创造性地开发和使用现代教学技术和手段，以充分发挥科学探究的功能；具备独立进行科学探究的能力，具备基于学生探究活动表现进行学习指导以提高学生对话交流、活动开展、证据收集和归纳总结的能力，促进学生思维发展、观念养成	
三	（合理使用）具有良好的探究活动引发、组织指导技能，能将现代信息技术手段和传统教学手段有机结合并合理使用，能有效展示和示范探究过程，能在探究活动中引导学生进行对话交流、开展活动、搜集证据、归纳总结	
二	（基本胜任）能规范地对探究过程进行示范，能基于学生的探究活动进行清晰的讲解和总结	
一	（基本技能未达成）表达和逻辑混乱，不能顺利完成探究教学	

【培训目标】

3.（探究活动的开展与指导）能创设自由平等的课堂氛围，营造良好的探究情境，把发现问题和解决问题的第一机会留给学生；关注学生在探究过程中的差异，能对学生在探究活动中的真实表现进行全面观察，并针对学生提出假设的依据、角度和思路，获取证据的途径和方法，推理论证过程中证据和结论之间的关系处理等过程进行思维指导。

【能力诊断】

水平	你最像下面哪一种？	自评（√）
四	（高效开展，生成，全面）能创设自由平等的课堂氛围，营造良好的探究情境，把发现问题和解决问题的第一机会留给学生；能有效组织和实施多种学生活动，并根据活动中生成的问题引发新一轮活动，对学生问题的提出和梳理、猜想假设、实验设计、解释论证等思维过程、思路与方法开展指导，合理调整活动的实施	
三	（有效开展，思维指导）关注学生在探究过程中的差异，能对学生在探究活动中的真实表现进行全面观察，并针对学生提出假设的依据、角度和思路，获取证据的途径和方法，推理论证过程中证据和结论之间的关系处理等过程进行思维指导	
二	（顺利开展，技能指导）能顺利开展探究活动，对学生的实验操作、结论表述等基本技能给予适当指导，探究活动组织和调控适当	
一	（混乱，低效）不能顺利开展科学探究活动，探究过程混乱，对学生的科学探究活动缺少必要的组织和调控	

【培训目标】

4.（思路与方法外显）善于探查学生对相关探究问题的已有认识，能在探究的不同环节，通过追问充分外显不同层次学生探究的思路和过程，发现和诊断学生普遍存在的认识障碍和思路问题，并做出恰当的评价和引导；能通过板书、多媒体、学案等多种形式，充分外显学生特定类型探究活动的思路和方法。

【能力诊断】

水平	你最像下面哪一种？	自评（√）
四	（学生思路建构和外显）善于探查学生对相关探究问题的已有认识，能在探究不同环节，通过追问充分外显不同层次学生探究的思路和过程，发现和诊断学生普遍存在的认识障碍和思路问题，并做出恰当的评价和引导；能通过板书、多媒体、学案等多种形式，充分外显学生特定类型探究活动的思路和方法	

续表

水平	你最像下面哪一种？	自评（√）
三	（教师思路外显）具有明确的教学思路，能就学生的探究过程和特定类型探究活动的思路和方法与学生对话，但教学过程中缺少对探究思路和方法的概括、总结和外显	
二	（思路内隐）有合理的教学思路，但思路内隐，能就探究结论与学生开展对话	
一	（缺乏思路）没有教学思路，缺少逻辑，探究教学环节之间缺少关联，不关注学生的探究过程和动手操作过程	

【培训课程】

研修主题 20：探究活动的开展指导和调整			
编号	专题	内容要点	对应水平
2-5-1	基于教科书的科学探究课时教学设计与实施	引导教师对教科书内容加以整合，充分挖掘教科书承载的多重功能，将静止的知识素材加工成学生活动的载体，基于学生学习需求补充活动和素材（在教科书的基础上），设计并实施教学；分析科学探究设计与实施中普遍存在的问题及其原因，并提出相应的改进建议	一、二
2-5-2	科学探究主题整体教学过程设计与实施	引导教师依据科学探究主题内容和对教学价值的理解以及学生对科学探究发展空间的认识，整体规划各阶段的情境素材、教学内容、教学策略与方法、学生活动等完成教学设计并实施；交流实施中的感受与发现的问题，诊断和指导单元教学设计的方法	二、三
2-5-3	科学探究主题的教学行动研究	结合具体案例分析，引导教师反思科学探究主题教学中各阶段学生的学习情况及自身的教学情况，概括整理出值得关注的教学关键问题，并基于问题解决查阅资料，设计行动研究计划并实施，以提高教学效率	三、四

三、身边的化学物质主题

（一）身边的化学物质主题的内容及价值理解

【培训目标】

1.（学科内容理解）知道身边的化学物质主题包括基于族或元素的物质组成、结构、性质、用途和制备等元素化合物知识，以及指向物质性质的物质分类、氧化还原、离子反应、反应类型及元素周期律（表）等理论知识。了解基于典型代表物、基于类别认识物质的一般思路；能用宏微观结合、定性定量结合等化学学科的独特视角认识物质，具有“物质世界是多样的、物质结构决定性质、性质决定用途、基于转化认识物质性质”等基本观念。

【能力诊断】

水平	你最像下面哪一种？	自评（√）
四	（思路与方法、观念）具有系统、完整认识化学物质的思路与方法，能自主调用认识物质的多个角度，并运用认识物质的各个角度之间的推理关系解决化学学科及生产生活中的真实复杂问题	
三	（纵向发展、横向关联）能系统地建构元素化合物知识及与其密切相关的物质分类、氧化还原反应、元素周期律（表）等概念原理知识的结构图；能用宏微观结合、定性定量结合的学科观点分析物质在化学学科及生产生活中的综合应用	
二	（初中内部）能在身边的化学物质的四个子主题的相关知识之间建立关联，能用初中阶段认识物质的思路与方法解决化学学科及生产生活中与物质相关的较复杂问题	
一	（零散）能零散地表述身边的化学物质主题的部分内容，能用物质的相关知识解决化学学科及生产生活中的简单问题	

【培训目标】

2.（教学价值认识：学科价值、社会价值、学生价值）了解物质是化学学科的研究对象，物质的组成、结构、性质、用途和制备是化学学科的重要内容；知道物质世界是丰富多样的，在人类的生产生活中发挥着重要作用；知道学习身边的化学物质主题对于学生建立对物质的认识角度及合理的认识方式，把握实验探究方法，建立、理解和应用元素观、分类观、转化观等核心观念，具有独特的功能和价值。

【能力诊断】

水平	你最像下面哪一种？	自评（√）
四	（系统关注多方面价值）能系统阐述不同物质的实际应用价值及学生研究物质性质的思路与方法的价值和能力进阶，全面说明该主题对学生建立、理解或应用元素观、分类观和转化观等核心观念的功能价值	
三	（挖掘思路、方法价值）能完整、具体地说出物质主题的核心知识，如从实际应用的角度说明知识的重要性，并关注到它能发展学生的“组成决定性质、性质决定用途”及实验探究等学科思想	
二	（列举实例）能从社会价值、学科本体价值、学生发展价值三个方面分别列举实例说明身边的化学物质主题的价值，如从实际应用的角度说明知识的重要性，并关注到它能发展学生的“组成决定性质、性质决定用途”及实验探究等学科思想	
一	（笼统、零散）能笼统地从社会价值、学科本体价值、学生发展价值的某一方面说明身边的化学物质主题的学习价值，如描述化学物质对社会发展很重要，利用化学物质来调动学生的学习兴趣等	

【培训目标】

3.（课程理解与把握）知道初中化学课程标准中身边的化学物质四个二级主题（我们周围的空气、水与常见的溶液、金属与金属矿物、生活中常见的化合物）的课程内容标准和要求；知道身边的化学物质主题在小学科学、初中、高中等不同阶段的内容及要求。

【能力诊断】

水平	你最像下面哪一种？	自评（√）
四	（跨学段、跨学科）能系统全面地把握身边的化学物质主题内容在小学科学、高中化学及其他学科课程中的内容和要求	
三	（同阶段、跨主题）知道身边的化学物质主题与其他四个一级主题之间的内容关系，并能说出该主题在高中课程中的内容和要求	

续表

水平	你最像下面哪一种？	自评（√）
二	（全面、具体）知道义务教育阶段身边的化学物质主题的四个二级主题，能全面准确地表述内容要点及四者之间的内容发展关系	
一	（笼统）知道义务教育阶段身边的化学物质的四个二级主题，能概括说出各二级主题的内容标准和要求	

【培训目标】

4.（教科书理解与教学内容组织） 清楚身边的化学物质主题在教科书中的整体编排；了解身边的化学物质主题内容在不同版本教科书中的具体组织和呈现方式，能分析教科书中主题内容的编写思路，并进行一定的评价；知道身边的化学物质主题独立编排的内容及其和化学与社会发展主题融合编排的内容，知道该主题与科学探究、概念原理内容编排的关系。

【能力诊断】

水平	你最像下面哪一种？	自评（√）
四	（选择和调整组织教学内容）能全面理解不同版本教科书中身边的化学物质主题的内容组织和呈现方式，能系统分析教科书中内容组织顺序所对应的学生认识发展路径，并能根据学生认识发展进阶重组教学内容	
三	（全面、系统、深入）能系统理解所选用版本教科书中身边的化学物质主题的内容组织和呈现方式，能说出该主题与其他主题教科书内容编排的关系，能分析说明教科书组织和编排的思路，并能进行适当评价	
二	（全面、系统）能比较全面地说出所选用版本教科书中身边的化学物质主题的内容组织和呈现方式，能说出独立编排的内容及其和化学与社会发展等主题融合编排的内容	
一	（零散、笼统）仅能零散地说出所选用版本教科书中身边的化学物质主题的主要内容编排	

【培训课程】

研修主题 21：身边的化学物质知识体系及其应用			
编号	专题	内容要点	对应水平
3-1-1	身边的化学物质主题的内容框架	基于教科书中身边的化学物质主题的内容分析空气、氧气、二氧化碳、金属、酸碱盐等物质的组成、结构、性质、用途、制备等具体知识的内容框架；身边化学物质的应用及其发展	一、二
3-1-2	身边的化学物质主题的核心概念和系统结构	基于物质分类、氧化还原反应、离子反应、反应类型及元素周期律（表）等理论认识身边化学物质主题的核心概念及知识结构；元素化合物知识及相关理论知识的系统关联	二、三
3-1-3	身边的化学物质主题的核心观念和能力	基于典型代表物、基于类别认识物质的一般思路；不同元素化合物知识对学生认识物质性质的不同发展阶段的价值；基于宏微观结合、定性定量结合等学科视角认识物质性质的观念建构教学	三、四

研修主题 22：身边的化学物质主题的课程内容及教学价值			
编号	专题	内容要点	对应水平
3-1-4	初中阶段身边的化学物质主题的课程内容解读	解读课程标准中身边的化学物质主题；教科书中身边的化学物质主题的内容组织和呈现、编写思路分析，并进行一定的评价	一、二
3-1-5	中学阶段元素化合物主题教学内容整体分析	初中、高中各阶段元素化合物主题的内容分析及阶段性要求；不同版本初中化学教科书中身边的化学物质主题的内容组织和呈现、编写思路分析，并进行一定的评价	二、三
3-1-6	基于学生认识发展需求自主设计与开发身边的化学物质主题的教学内容	国内外课程标准、教科书中身边的化学物质主题的案例分析和解读；教科书中身边的化学物质主题的教学内容重组和调整；基于特定主题（如陌生物质的应用）自主设计课程及教学内容，并进行交流与评价	三、四

（二）身边的化学物质主题的学生发展空间分析

【培训目标】

1.（已有基础）知道学生已有的与物质及其性质相关的生活经验、物质组构成和变化的概念知识、具体的元素化合物知识，了解学生已有的对物质的认识角度和思路，能有意识地进行探查，并进行水平诊断，描述典型表现。

【能力诊断】

水平	你最像下面哪一种？	自评（√）
四	（基于认识，系统、能探查）能采用适合的方法或工具探查学生对身边的化学物质的已有经验、知识、相关前概念及认识物质的角度和方法，并对探查结果进行水平诊断及归因分析	
三	（有意识探查）能有意识地探查学生关于身边的化学物质的一些已有生活经验、知识、相关前概念及认识角度和方法	
二	（全面知识）能比较全面地说出学生对身边的化学物质的已有生活经验、知识、相关前概念及认识角度和方法	
一	（零散，知识）能零散地描述学生对身边化学物质的已有生活经验、知识基础和认识	

【培训目标】

2.（发展需求）知道学生通过身边的化学物质主题的学习应掌握典型物质的组成、构成、性质、用途及制备等知识，形成认识物质的基本角度和思路，发展学生基于实验探究、真实情境认识物质和基于分类观、元素观、微粒观和转化观认识物质的能力，发展学生合理使用化学品的意识和能力，如基于性质分析、确定保存或使用物质的方法，并评价利与弊。

【能力诊断】

水平	你最像下面哪一种？	自评（√）
四	（观念内涵）能系统地阐述和探查身边的化学物质主题对发展学生基于实验探究、真实情境认识物质和基于分类观、元素观、微粒观和转化观认识物质性质的能力表现	

续表

水平	你最像下面哪一种?	自评(√)
三	(思路与方法、观念、行为)能从知识、认识思路、能力发展、观念行为等多方面描述和探查学生在身边的化学物质主题下的发展需求	
二	(全面、具体,知识)能全面、具体地说明学生在身边的化学物质主题下的知识发展需求,如掌握典型物质的组成、构成、性质、用途及制备	
一	(零散,知识)仅能零散地说出学生在身边的化学物质主题下的知识发展需求,如掌握典型物质的性质及应用等	

【培训目标】

3.(障碍点)知道学生在身边的化学物质主题可能存在的迷思概念或偏差认识。例如,混淆空气和氧气,认为氧气具有可燃性、有酸味的就是酸、CO_2和CO都有毒等;对物质性质和变化缺乏联系,倾向于从生活经验、实验现象理解性质而不是从物质组构成及变化的角度去分析解释物质性质,在真实情境中不能自主调用物质的相关知识和认识思路解决问题。

【能力诊断】

水平	你最像下面哪一种?	自评(√)
四	(找准、归因、有对策)能系统地阐述学生在身边的化学物质主题的相关核心知识、认识思路、问题解决等方面的障碍点,并能准确归因和提出有效的解决策略	
三	(思路与方法、观念、行为)能比较全面地列举学生在身边的化学物质主题的相关核心知识、认识思路、问题解决等方面的障碍点,并能进行归因分析	
二	(比较全面、具体知识全面、原因)能比较全面、具体地说出学生在身边的化学物质主题的知识及认识方面的障碍点,并能简单归因	
一	(零散、笼统、表面,知识)能零散、笼统地说出学生在身边的化学物质主题的知识方面的障碍点及学习或答题中存在的问题	

【培训目标】

4.（发展路径）能描述学生在小学科学、初中和高中不同阶段对物质的应有认识、思路和观念；了解初中学生从基于生活经验到基于学科视角、从基于代表物到基于类别的物质认识发展路径，从实验观察到实验探究、从联系实际到真实问题解决的能力发展路径，从基于事实的归纳性学习到基于概念原理的概括性学习的转变。

【能力诊断】

水平	你最像下面哪一种？	自评（√）
四	（调整、设计）能基于学生对身边化学物质主题的认识发展路径的分析，自主设计身边的化学物质主题的学习发展路径，并结合项目或驱动性任务对教学内容进行调整	
三	（全面阐述知识、能力发展顺序）能全面阐述学生从基于代表物到基于类别认识物质、从实验观察到实验探究、从联系实际到真实问题解决、从基于事实的归纳性学习到基于概念原理的概括性学习的能力发展路径	
二	（依据教科书，系统，知识顺序）能依据教科书完整说明学生学习身边的化学物质主题知识的顺序，系统分析从基于代表物到基于类别的物质认识发展路径	
一	（依据教科书，零散，知识顺序）能依据教科书零散描述学生在初中阶段学习身边的化学物质主题知识的顺序	

【培训课程】

研修主题 23：学生关于身边的化学物质主题的发展目标和障碍点			
编号	专题	内容要点	对应水平
3-2-1	学生关于身边的化学物质主题的已有基础、障碍点和发展需求分析	教师绘制学生在氧气、二氧化碳、金属和酸碱盐等方面的已有基础结构图，交流讨论学生的发展目标和障碍点	一、二

续表

编号	专题	内容要点	对应水平
3-2-2	学生认识物质的思路与方法的已有基础、发展目标和障碍点分析	教师学会解读学生关于身边的化学物质主题应有的知识、方法、观念和态度，认识到学生存在的具体认识和表现，明确学生认识物质能力的障碍点和偏差；结合具体案例提炼突破障碍点的核心教学对策	二、三
3-2-3	初中学生身边的化学物质主题学情探查设计及结果分析	介绍探查学生对身边的化学物质主题的已有基础、基本方法和具体工具；自选教学内容自主设计问卷、二段式测试题等探查工具，对所教班级学生施测，对探查结果进行统计分析，基于探查结果描述学生对该内容的已有基础和学习需求	三、四

研修主题 24：学生关于身边的化学物质主题的学习发展路径			
编号	专题	内容要点	对应水平
3-2-4	学生关于身边的化学物质主题的单元学习发展路径	描述义务教育阶段身边的化学物质主题对学生的知识与技能发展要求、多角度认识物质的认识发展目标及需建立或发展的学科核心观念	一、二
3-2-5	基于教科书分析学生关于身边的化学物质主题各阶段的学习发展路径	分析不同版本教科书，规划学生对物质的认识发展目标，分析初中、高中阶段学生关于身边的化学物质的认识角度和思路的学习发展路径	二、三
3-2-6	基于课程自主设计学生关于身边的化学物质主题的学习发展路径	学生关于身边的化学物质主题的发展目标；根据初中化学课程标准要求、教科书中核心知识的内容组织，结合学情分析，自主规划设计学生关于身边的化学物质主题的学习发展路径，讨论交流、点评分析	三、四

（三）身边的化学物质主题的教学目标确定和教学评价设计及诊断指导

【培训目标】

1.（设计教学目标） 针对身边的化学物质主题的具体教学内容，结合学生的发展需求和发展路径，规划并预设各内容的知识与技能、过程与方法、情感态度与价值观教学目标，课时、单元和主题复习目标，以及体现素养发展的教学目标，特别是多角度认识物质的能力发展目标。

【能力诊断】

水平	你最像下面哪一种？	自评（√）
四	（核心知识与过程方法整合）能依据对身边的化学物质主题承载的化学学科核心素养和学科能力培养价值的深入分析，设计合理的、可操作性强的单元和课时教学目标	
三	（考虑学生）能依据课程标准、教科书和学生发展空间确定单元和课时教学目标，且过程、方法、情感、态度等体验性目标明确、表述清晰	
二	（有依据、一般方法、态度）能依据课程标准和教科书确定单课时知识与技能、过程与方法、情感态度与价值观教学目标	
一	（经验，知识）能依据教学经验设计身边的化学物质主题单课时的以知识与技能为主的教学目标	

【培训目标】

2.（评价规划） 能依据身边的化学物质主题的学生发展空间，从评价目标、内容、水平要求、评价方式等进行整体评价规划；能制定评价的双向细目表，评价要素包括核心知识、对物质的认识发展、研究物质性质的思路与方法等维度；体现丰富的评价任务类型，包括活动表现评价及问题解决思路评价。

【能力诊断】

水平	你最像下面哪一种？	自评（√）
四	（目的、内容、水平、评价方式多方面规划）能从学生发展空间出发，根据评价目的选择合适的评价方式，并在此基础上进行身边的化学物质主题评价内容、水平要求、评价方式的整体评价规划	

续表

水平	你最像下面哪一种？	自评（√）
三	（内容、水平两方面规划）能对身边的化学物质主题从知识、过程、方法、化学核心观念等维度全面进行评价规划	
二	（知识，规划）能从知识点和水平要求两个方面对身边的化学物质主题相关知识进行评价规划	
一	（经验，知识）凭经验对学生在身边的化学物质主题的学习进行评价，只进行该主题的核心知识评价	

【培训目标】

3.（开发评价工具）能基于评价指标设计身边的化学物质主题各内容教学过程中的学生活动表现评价工具，如“探究金属性质”“探究二氧化碳气体的制备”“预测或分析解释陌生物质性质”等实验探究、小组讨论等活动。能选择或设计相应的纸笔和实践性作业，能应用信息技术手段开发与身边的化学物质主题相关的评价工具。

【能力诊断】

水平	你最像下面哪一种？	自评（√）
四	（整体评价，活动表现评价）能从学生发展空间出发，对知识、方法、能力、素养等维度的评价进行整体规划，设计物质性质探究、应用物质性质解决实际问题、物质鉴别、检验和制备等典型活动的活动表现评价工具，充分利用信息技术手段丰富评价方式	
三	（内容多维，选择和调整）能依据知识、方法、态度等多维度的评价规划，选择评价任务和工具，课堂练习、课后作业设计比较全面，不仅关注学生的知识获得、思路与方法的运用，还关注学生的情感态度与价值观培养，能利用信息技术手段设计相关的评价工具	
二	（有选择）能根据身边的化学物质主题知识的评价规划，制定“评价内容－评价水平”双向细目表，从而选择和调整习题对学生进行评价	
一	（笼统，知识）直接使用教科书中的课后习题和教辅资料作为课内外作业	

【培训目标】

4.（教学诊断、反馈及反思）能基于课堂教学中学生实验探究、小组讨论等学习活动表现，通过追问、补充证据、组内讨论或组间交流等活动及时进行学生学习诊断评价，并适时进行指导；能根据学生的作业完成情况，开展形式多样的反馈指导；能根据学生的课堂表现、作业完成情况、在线学习数据等评价学生在身边的化学物质主题的能力及观念的发展水平，总结教学目标的达成情况，反思核心教学活动的设计和实施，改进和调整教学设计与教学实施。

【能力诊断】

水平	你最像下面哪一种？	自评（√）
四	（深入归因，改进教学）能根据学生的作业结果和活动表现，准确描述学生存在的不足和问题，并在原因探查的基础上给予形式多样的、有针对性的指导；能自主反思教学目标的达成情况，全面系统反思单元及其课时教学目标的设计、教学活动的设计、教学实施等方面，并整体改进和调整教学计划与处理方法	
三	（多方面归因，分类指导）能根据评价结果具体描述学生在知识、方法维度存在的不足，能从教与学两方面分析原因，进行有针对性的反馈和指导；能根据学生的学习和作业情况自主反思教学目标的达成情况，回顾师生在课堂中的具体表现，反思教学目标的设计、教学过程等方面，从而提出教学改进方案或者调整教学	
二	（笼统归类，简单归因）能有意识地关注学生在课堂教学活动中存在的问题，能描述学生作业中存在的一般不足和问题；能有意识地根据学生的活动表现和作业情况反思教学目标的达成情况，有基于学生学习评价反思自己教学设计与实施过程的意识，但均比较模糊、笼统	
一	（知识评价）关注学生是否掌握关于物质性质的知识、作业是否完成及答案是否正确，很少回顾和反思教学过程	

【培训课程】

研修主题 25：身边的化学物质主题教学目标确定、评价标准和评价工具设计			
编号	专题	内容要点	对应水平
3-3-1	身边的化学物质主题知识目标确定和纸笔评价设计	基于学生在该主题已有的和应有的知识与技能，确定知识与技能、过程与方法、情感态度与价值观教学目标，确定教学思路、方法的案例分析；引导教师依据身边的化学物质的核心知识设计双向细目表，并基于双向细目表设计纸笔作业和测试题，处理好终结性评价与过程性评价的关系，对作业情况和测试结果进行科学全面的分析，并在讲评中关注对解题思路与方法的指导	一、二
3-3-2	基于核心思路和观念的身边的化学物质主题教学目标确定纸笔测验评价设计	基于学情和学生发展空间分析知识、方法、观念融合的具体化教学目标；引导教师从关注具体知识的评价，转向关注思路与方法、情感态度与价值观的评价；介绍身边的化学物质主题方法、态度的主要评价指标，对典型试题案例进行分析，设计核心内容和核心活动相结合的双向细目表并改造试题，在实践中使用；基于核心活动设计并使用活动表现评价工具	二、三
3-3-3	基于综合复杂问题解决的活动表现设计	整体把握身边的化学物质主题的教学内容三个维度教学目标之间的关系，结合案例认识目标达成的关键策略，组织教师自主规划设计、交流讨论。引导教师认识到对知识、方法与态度进行整合评价的必要性，基于学生认识能力发展目标设计双向细目表，并进行综合复杂问题解决典型试题案例分析，改造和自主设计试题并在实践中使用	三、四

研修主题 26：身边的化学物质主题的诊断指导与教学反思			
编号	专题	内容要点	对应水平
3-3-4	基于核心知识的诊断指导与教学反馈	从学生的作业诊断其从化学视角分析问题时存在的问题，从实践性作业的完成情况诊断学生分析解决问题的思路和观念存在的不足，基于问题解决和实践的反馈指导反思课时教学活动、讲解、思路和方法的落实等	一、二
3-3-5	基于核心认识思路和观念的诊断与教学反馈	基于单元测验情况收集学生的典型答案，明确学生在化学知识、生活知识、分析解决实际问题的思路和方法方面的欠缺，并进行典型试题和教学案例分析	二、三
3-3-6	课堂教学中学生学习表现的诊断及指导	学生学习表现诊断的困难及其原因，基于学生学习表现的及时指导原则和策略，基于学生学习表现的教学反思及调整（活动与问题的设计、素材与支持的设计）	三、四

（四）身边的化学物质主题的教学过程设计

【培训目标】

1.（教学原则与策略）知道基于演示实验的启发讲授教学、实验探究教学、联系实际的 STSE 教学等多种方式，引导学生认识身边的化学物质，了解指向学生认识物质的能力素养发展的主题教学特点。知道不同学习阶段身边的化学物质主题中不同代表物的物质性质探究方式或思路的特点，了解不同阶段进行物质性质探究教学的目标差异及教学设计重点。注重将生活经验与实验事实相结合、宏观现象与微观实质相结合、定性认识与定量研究相结合，分阶段推进，促进学生对身边的化学物质认识的发展。

【能力诊断】

水平	你最像下面哪一种？	自评（√）
四	（关键问题，认识发展）能提取出身边的化学物质主题促进学生能力及素养发展的教学关键问题，全面阐述核心教学策略，如促进学生对物质的认识发展的教学、基于探究开展物质性质教学、基于 STSE 思想开展物质性质教学	

续表

水平	你最像下面哪一种？	自评（√）
三	（列举主题特殊策略，原型－解析）能列举出身边的化学物质主题的基于实验观察的启发讲授、实验探究、联系实际的 STSE 等多种教学方式，并能基于典型成功案例阐述分析该主题促进学生对物质的认识发展的教学原则、特点和有效教学策略	
二	（一般性策略）能零散地说出身边的化学物质主题的一些教学策略和原则，如通过实验研究性质、联系物质的实际应用解决真实问题等	
一	（基于经验，无特点）仅能基于经验逐条讲解物质的物理性质和化学性质，不清楚该主题的教学特点	

【培训目标】

2.（教学取向确定及教学环节设计）知道身边的化学物质主题基于实验观察的启发讲授、实验探究、联系实际的 STSE 等教学取向，依据教学取向设计具体内容的教学环节，如依据探究教学模式确定氧气性质的教学环节（提出问题、猜想假设、方案设计、实验验证等）。

【能力诊断】

水平	你最像下面哪一种？	自评（√）
四	（自主设计）能自主设计核心的任务和问题，并将其贯穿始终，考虑任务和问题能否承载核心教学目标，能否落实方法与素养	
三	（基于内容选择）能自主设计教学环节的具体问题或任务，问题之间具有线索，兼顾实际问题解决与知识逻辑顺序的融合	
二	（知识逻辑）能按照教科书内容顺序或知识逻辑设计问题及教学环节，能对教科书的知识顺序进行适当调整	
一	（照搬教科书）照搬教科书或教师用书的教学模式、教学环节，不清楚身边的化学物质主题应采用的教学取向及教学环节	

【培训目标】

3.（核心问题任务、问题线索及学生活动设计）能基于身边的化学物质主题的教学目标和学生发展空间设计核心任务、问题及活动，并根据问题解决过程、知识逻辑顺序、学生认知顺序对问题进行合理拆解，设计下一级任务及驱动问题。能针对任务或问题设计合适的活动及其组织形式，包括实验现象观察、物质性质归纳、实验方案设计、物质用途解释等功能性活动类型。能对活动开展过程中学生可能的观点、认识或遇到的问题、困难进行充分预设，并设计相应的对策。

【能力诊断】

水平	你最像下面哪一种？	自评（√）
四	（深加工，发展能力素养）能自主设计不同教学环节的具体问题、任务和活动，综合考虑实际问题的解决过程、知识的逻辑顺序、学生的认知顺序和学生的认识需求，通过具体策略尽可能以实际问题解决为主线。问题、任务和活动的设计能促进学生自主知识建构、高级思维发展，如解释、预测、设计、论证、决策、评价、辩证等，能落实学科素养	
三	（有意识设计，活动目的明确）能有意识地考虑核心任务、问题与活动且使其互相呼应，任务与问题新颖，学生活动有目的性	
二	（简单转换，活动形式化、目的不明确）能有意识地设计核心问题、任务及活动，但将习题和教科书的知识结构简单转换为问题及活动时，活动形式化、缺乏促进学生发展的功能	
一	（照搬，无活动）照搬教科书中的活动，缺乏用问题设计核心主题或驱动问题的意识，学生活动仅限听讲、做题	

【培训目标】

4.（素材证据的选取）能依据核心任务、活动选取素材和教学资源，发挥素材的多重功能，了解体现物质的存在、保存、制备、检验和分离有关素材的选择途径（新闻事件、科技动态和化学史）；能对素材深度加工以促进学生自主建构知识、发展思维，落实能力素养；能充分利用多媒体技术手段（如 VR 技术等）丰富问题情境素材及呈现方式，增强学生活动的体验性。

【能力诊断】

水平	你最像下面哪一种？	自评（√）
四	（深度加工）能发挥素材多样化的功能，根据促进学生自主建构知识、发展思维、落实能力素养的需要对素养进行深度加工，将素材转化为有价值的问题和证据，帮助学生建立系统、完整地认识化学物质的思路和方法，能根据需要利用技术手段自主研发相关的情境素材资源	
三	（明确目的，自主改造）能明确使用素材的教学意图，根据认识物质教学活动开展的需要合理选取和改造教科书或已有教学设计中的素材，能利用多媒体教学手段丰富教学情境、教学内容及呈现方式	
二	（照搬素材）为帮助学生认识身边的化学物质照搬教科书或已有教学设计中的素材	
一	（缺素材）仅能围绕知识点解析进行教学过程设计，缺少必要的素材例证	

（五）身边的化学物质主题的教学实施

【培训目标】

1.（教学目标与教学设计的课堂实现及其调整）在教学实施过程中遵循教学设计的预设，有效落实各维度教学目标，关注学生差异，灵活运用提问、练习等多种手段和方式探查学生在身边的化学物质主题课堂上的学习情况，能应用多媒体辅助教学手段提高课堂教学效果，并根据学生的学习表现（主题特色）调整教学进程。

【能力诊断】

水平	你最像下面哪一种？	自评（√）
四	（调整，生成）教学实施很好地落实三维教学目标，充分体现教学设计的问题与活动，能根据课堂上学生的实际情况及时、合理调整教学进程	

续表

水平	你最像下面哪一种？	自评（√）
三	（落实三维目标）教学实施较好地落实三维教学目标，较好体现教学设计的问题与活动，能根据学生的实际情况适当调整教学进程	
二	（落实知识）教学实施基本落实知识教学目标，与教学过程设计的主要活动和问题比较吻合	
一	（不匹配）教学实施与教学目标、教学过程设计存在较大的差异，教学过程随意	

【培训目标】

2.（基本教学技能）具备安全、成功地进行物质性质演示实验的操作技能，以及设计和实施性质探究实验的基本技能；能利用技术手段选择或开发具有一定危险性、环境污染较大或呈现微观变化过程的物质性质实验视频资源。

【能力诊断】

水平	你最像下面哪一种？	自评（√）
四	（创造性地开发）具有优秀的教学技能，创造性地开发和使用教学技术和手段，充分发挥实验在获得新知及解决问题等方面的功能	
三	（主题教学技能）具有良好的教学技能，能将多种教学技术和手段有机结合并合理使用，演示实验、分组实验相结合	
二	（基本技能达成）能清晰表达和讲解核心知识，能安全、规范地进行演示实验、使用多媒体等	
一	（基本技能未达标）表达和逻辑混乱，不能顺利完成教学	

【培训目标】

3.（学习活动的开展与指导）能在教学中根据学生对身边的化学物质主题的认识发展路径有效地组织学生开展实验探究、交流研讨等学习活动，并能根据学生活动表现进行适时调整。例如，在探究活动中，组织学生进行实验观察、描述和方案设计，针对学生情况展开核心探究环节，如在性质的猜想假设环节对预测依据进行讨论等；在分组实验活动中，通过提供试剂、分配小组活动任务、讨论操作和交流等提高活动效果。

【能力诊断】

水平	你最像下面哪一种？	自评（√）
四	（高级思维活动指导）能根据需要有效组织和实施实验探究、交流研讨等多种学生活动，并能根据活动中生成的问题引发新一轮活动，对学生高级思维和观念层面开展指导，合理调整活动的实施	
三	（核心活动，具体指导）能顺利开展实验探究、交流讨论等学生活动，并对小组及学生的活动表现进行合理的指导和调控，能发现学生活动中的问题	
二	（一般性指导）能顺利开展实验探究、小组讨论等学生活动，对学生活动能进行适当组织、指导和调控	
一	（难以开展活动）不能顺利开展学生活动，活动过程混乱，对学生活动缺乏必要的组织和调控	

【培训目标】

4.（思路与方法外显）通过板书、PPT、学案、教学语言，在教学过程、课堂小结和教学结尾等环节充分外显学生应该建立的利用多角度认识物质的思路、分析实际问题的方法和基本框架。

【能力诊断】

水平	你最像下面哪一种？	自评（√）
四	（学生建构思路）善于探查和明确呈现学生已有认识、态度，通过追问、质疑、总结等活动充分外显不同层次学生分析解决问题的思路和过程，发现和诊断学生普遍存在的认识障碍，并做出恰当的评价和引导，充分外显应该建立的思路和方法	
三	（教师思路外显）具有明确的教学思路，能与学生积极对话，揭示学生已有认识，能通过 PPT、板书等方式明确希望学生建立的思路与方法	
二	（思路内隐）关注学生对身边的化学物质的已有认识，明确学生应该建立认识身边的化学物质的基本思路，但仅就结果与学生对话	
一	（缺乏外显）只关注知识结论，没有外显思维过程	

【培训课程】

研修主题 27：身边的化学物质主题的教学取向和教学原则、策略			
编号	专题	内容要点	对应水平
3-4-1 3-5-1	身边的化学物质主题的教学原则与策略	结合实际教学案例，引导教师认识到身边的化学物质主题教学要紧密联系生产和生活实际，使学生真切感受到物质世界的多样性；引导学生通过实验探究身边的化学物质的性质，初步了解研究身边的化学物质的科学方法；通过具体、生动的物质性质激发学生学习化学的兴趣，逐步形成“物质是多样的”“结构决定性质”“性质决定用途”“基于变化看物质”等观点	一、二
3-4-2 3-5-2	身边的化学物质主题的教学关键问题与对策	结合实际教学案例，引导教师认识身边的化学物质主题的教学关键问题“建立认识身边的化学物质的基本思路”“基于代表物分析身边的化学物质的过程”“基于物质类别分析身边的化学物质的过程”等，分析各关键内容应有的教学应对策略	二、三
3-4-3 3-5-3	实现学生认识发展的教学案例分析及分享	结合实际教学案例，引导教师从组成、结构、性质、用途和制备的角度认识身边的化学物质，在基于代表物和物质类别水平上认识身边的化学物质主题的教学关键问题，教师应学会基于学生已有认识基础探查和实施促进学生认识转变的教学，使学生的认识通过新授课、单元复习课、中考复习课依次递进、螺旋上升	三、四

研修主题 28：身边的化学物质主题的教学过程设计与实施			
编号	专题	内容要点	对应水平
3-4-4 3-5-4	基于教科书的课时教学过程设计与实施	引导教师分析教科书内容呈现和编排特点，准确把握教科书的编写意图，充分利用教科书提供的优质资源；引导教师对教科书内容加以整合，将静止的知识素材加工成为学生活动的载体，充分挖掘教科书承载的多重功能，基于学生学习需求补充活动和素材（在教科书的基础上），设计并实施教学，汇报交流	一、二
3-4-5 3-5-5	身边的化学物质主题单元整体教学过程设计与实施	依据对身边的化学物质主题的内容及教学价值的理解和对学生关于身边的化学物质的发展空间的认识，整体规划单元各阶段的情境素材、教学内容、教学策略与方法、学生活动等完成教学设计并实施，并交流教学实施过程中的感受与发现的问题以及诊断和指导单元教学设计的方法	二、三
3-4-6 3-5-6	身边的化学物质主题教学行动研究：教学问题的确定、分析与研究	结合具体案例分析，引导教师反思身边的化学物质主题教学中各阶段学生学习及自身教学情况，概括整理出值得关注的教学关键问题，基于问题解决查阅资料，设计行动研究计划并实施，以提高教学效率	三、四

四、物质构成的奥秘主题

（一）物质构成的奥秘主题的内容及价值理解

【培训目标】

1.（学科内容理解）知道物质构成的奥秘主题的知识结构，认识到分子、原子、元素是该主题的核心概念，物质、分子、原子、元素等概念之间的关联及分子、原子、元素等概念对深入认识物质的组成、结构、变化的作用。例如，基于元素认识物质，可以看到不同物质的相同之处；基于分子认识物质，可以看到性状相似（或相同）的物质的不同之处；了解观察、想象、类比、实验、假说、模型等方法在物质微观构成研究中的应用，了解从微观角度分析物质变化和物质性质等问题的基本思路；能阐释物质构成的奥秘主题内容承载的元素观、微粒观、物质的结构决定性质等观念。

【能力诊断】

水平	你最像下面哪一种？	自评（√）
四	（形成统摄观念，认识方式）知道元素、分子、原子、电子、离子等核心概念对深入认识物质的组成、结构、变化的功能价值，能自主从构成物质微粒及微粒之间相互作用的视角认识化学现象、分析真实问题	
三	（纵向发展、横向关联）能基于构成物质的微粒及微粒之间的相互作用建立中学阶段物质组构成的学科知识框架，能建立物质构成的奥秘主题与其他主题（如身边的物质、物质的化学变化等）知识之间的关联	
二	（知识结构化）知道分子、原子、元素是物质构成的奥秘主题的核心概念，并能基于核心概念建立初中阶段物质构成的奥秘主题的学科知识框架	
一	（零散）仅能零散地列举物质构成的奥秘主题中的一些学科知识	

【培训目标】

2.（教学价值认识：社会价值、学科本体价值、学生学习价值）知道物质组构成的研究对于化肥使用、饮食健康、材料开发、药物合成等领域的重要价值。了解化学家认识物质微观结构的历史进程，认识到研究物质的微观构成实现了化学学科从宏观到微观的发展，了解物质组构成的定量研究对化学发展的促进作用；了解学习物质构成的奥秘主题对发展学生从分子、原子、元素角度认识物质组构成和物质分类，以及基于微观认识物质及其变化的重要作用；了解物质构成的奥秘主题可以培养学生的抽象思维能力、空间想象力，提高学生从微观视角分析解释实验室、生产、生活中的现象的能力，提高学生的“宏观辨识与微观探析”“证据推理与模型认知”素养。

【能力诊断】

水平	你最像下面哪一种?	自评(√)
四	(说明论证、观念化)能基于核心概念说明学习物质构成的奥秘主题对发展学生从分子、原子、元素角度认识物质组构成和物质分类,以及基于微观认识物质及其变化的重要作用;能运用实例多角度阐述物质构成的奥秘与合成新药物、开发新材料的关系;能结合具体实例说明物质结构研究对建立实验验证与理论论证之间的关联的作用	
三	(结合核心概念具体分析认识功能价值)能说明具体知识对发展学生认识物质及其变化的作用。例如,基于物质的微粒性解释物质的三态变化,基于分子认识纯净物和混合物、物理变化和化学变化等	
二	(列举实例)能从社会价值、学科本体价值、学生学习价值的三个维度说明物质构成的奥秘主题的价值,并能列举典型实例	
一	(笼统、泛化)仅能笼统地从社会价值、学科本体价值、学生学习价值的某一方面说明物质构成的奥秘主题的价值	

【培训目标】

3.(课程理解与把握) 知道物质构成的奥秘主题的主要课程内容和要求,及其在小学科学、初中、高中等不同阶段的主要课程内容及其要求,了解物质构成的奥秘主题的课程内容与物理、生物学等其他学科课程内容的联系,如原子在物理中的课程内容,DNA 结构在生物学中的课程内容。

【能力诊断】

水平	你最像下面哪一种?	自评(√)
四	(跨学段、跨学科)能全面地说出物质构成的奥秘主题在小学、初中、高中不同阶段的主要课程内容和要求,知道该主题内容与物理、生物学等其他学科课程内容的联系	
三	(同阶段、跨主题)能全面地说出初中阶段物质构成的奥秘主题的主要课程内容及其要求,知道物质构成的奥秘主题与身边的化学物质、物质的化学变化等主题相关内容的关联	

续表

水平	你最像下面哪一种？	自评（√）
二	（主题内全面）能全面地说出初中阶段物质构成的奥秘主题的主要课程内容及其要求	
一	（笼统）仅能零散地说出初中阶段物质构成的奥秘主题的主要课程内容及其要求	

【培训目标】

4.（教科书理解与教学内容组织）能正确体会教科书中物质构成的奥秘主题的编写意图，了解物质构成的奥秘主题内容在不同版本教科书中的具体组织和呈现方式，清楚物质构成的奥秘主题的整体教学内容体系。

【能力诊断】

水平	你最像下面哪一种？	自评（√）
四	（选择、调整、组织教学内容）能全面地说出初中阶段物质构成的奥秘主题的主要内容在不同版本教科书中的组织和呈现方式及特点，并能有理有据地选取和调整教学内容的组织方式	
三	（全面、系统）能分析、说明教科书中物质构成的奥秘主题的内容组织和编排思路与线索，并能进行适当的评价	
二	（全面）能比较全面地说出所选用版本教科书中有关物质构成的奥秘主题内容的组织和呈现方式	
一	（零散，笼统）仅能零散地说出所选用版本教科书中物质构成的奥秘主题的主要内容	

【培训课程】

研修主题29：物质构成的奥秘主题的知识体系及其应用			
编号	专题	内容要点	对应水平
4-1-1	物质构成的奥秘主题的内容框架	基于教科书梳理物质构成的奥秘主题的内容框架；中学阶段，解读与物质构成的奥秘主题相关的重要学科知识；结合具体实例介绍物质构成的奥秘主题学科知识的应用价值及其对化学发展的促进作用	一、二
4-1-2	物质构成的奥秘主题的核心概念和系统结构	梳理主题知识内容体系，明确核心概念；结合具体实例说明物质结构研究与实际应用的关系；物质构成的奥秘主题学科知识的应用价值分析	二、三
4-1-3	物质构成的奥秘主题的观念和能力	基于典型代表物和类别认识物质的一般思路；不同元素化合物知识对学生认识物质性质的不同发展阶段的价值。基于宏观与微观、定性与定量等学科视角认识物质性质的观念建构教学	三、四

研修主题30：物质构成的奥秘主题的课程内容及教学价值			
编号	专题	内容要点	对应水平
4-1-4	初中阶段物质构成的奥秘主题课程内容解读	课程标准中物质构成的奥秘主题课程内容解读；初中教科书内容中物质构成的奥秘主题课程内容分析与解读及其对学生认识发展的教学价值分析	一、二
4-1-5	不同学段、不同版本教科书中物质构成的奥秘主题课程内容分析	初中阶段不同版本教科书中物质构成的奥秘主题内容的组织和呈现；物质构成的奥秘主题课程内容与其他主题内容的关联；不同阶段（小学、初中、高中）物质构成的奥秘课程内容的区别和联系，及其对学生认识发展的教学价值分析	二、三

续表

编号	专题	内容要点	对应水平
4-1-6	基于学生认识发展需求自主设计与开发物质构成的奥秘主题教学内容	初中阶段不同版本教科书中物质构成的奥秘主题的编写思路分析；国内外不同版本教科书中物质构成的奥秘主题的内容设计与组织；物理、生物学等相关学科物质构成的奥秘主题内容介绍；教师基于促进学生从微粒观、宏微观结合的角度分析解释实际问题能力的发展，自主设计主题教学内容，并进行汇报交流和点评分析	三、四

（二）物质构成的奥秘主题的学生发展空间分析

【培训目标】

1.（已有基础）了解学生在小学科学或八年级物理课中学习过的物质构成的相关内容，知道学生关于物质构成的已有基础和典型表现。例如，学生知道一些微观术语，有将宏观物质“拆分”的意识，能说出微粒的一些基本特性（如微粒在不断运动）。知道可以通过学生对宏观现象的解释、借助图示等方法探查学生的认识基础，能确定学生在知识、观念以及从微观视角分析问题等方面的实际水平与目标的差距。

【能力诊断】

水平	你最像下面哪一种？	自评（√）
四	（基于认识，系统、能探查）能系统描述学生已有认识和观念，能自主利用对宏观现象的解释、绘制物质及其变化的微观图示等方法探查学生的已有经验，并依据探查结果进行诊断	
三	（多维度、有意识）能说出学生对物质构成的已有知识、认识及其观念，能描述学生的典型表现。例如，有将宏观物质“拆分”的意识，能说出微粒的一些基本特性等，并在教学中有意识地探查学生的已有经验	
二	（全面具体知识）能自主、全面地说出学生对物质构成的已有具体概念和知识	
一	（零散知识）在提示情况下，能零散地说出学生在物质构成方面的已有知识或能关注到学生已有知识基础，但分析不准确	

【培训目标】

2.（发展需求）知道学生学习物质构成的奥秘主题后应达成的知识目标，以及应形成的认识物质及其变化的基本角度、基本思路，即能从宏观元素和微观分子、原子角度认识物质，能从宏观和微观两个角度认识物质分类和物质变化，能在定性的基础上定量分析物质的组成和变化，能实现宏观－微观－符号三重表征的转换，能有意识地探查学生的认识需求，清楚探查的基本方法。

【能力诊断】

水平	你最像下面哪一种？	自评（√）
四	（观念内涵）能说出初中学生应该形成的微粒观、元素观等核心观念的内涵，以及学生从分子、原子、元素等角度认识物质及其变化的基本思路；能让学生体会到其对物质及其变化的认识是从宏观到微观及宏观与微观相结合的发展	
三	（思路与方法、观念）能说出学生应该建立的物质构成的奥秘主题与身边的化学物质、物质的化学变化等主题的关联；能全面地说出学生应该形成的基于分子、原子、元素等核心概念分析解释物质及其变化的能力，能建立宏观－微观－符号关联；能关注学生从微观角度认识物质及其变化的需求，能有意识地探查学生的认识发展需求	
二	（具体知识全面）能比较全面地说出学生关于物质构成的奥秘主题应该学习的核心概念的内涵、概念之间的区别与联系，建立主题内的知识结构	
一	（零散，事实）仅能零散地说出学生关于物质构成的奥秘主题的认识需求	

【培训目标】

3.（障碍点）知道学生的典型偏差认识，如用宏观的方式看微粒（宏观物质的拆分，连续模型）、关于物质的微观认识仍保留着连续模型、混合与化合相混淆等。知道学生在物质构成的奥秘主题学习中存在的障碍点。例如，从基于物质或物体看物质及其变化到基于元素看物质及其变化；基于微粒看物质及其变化，以及元素、原子与离子的关系；基于概念之间（物质、分子、原子、元素）的整体关联认识物质及其变化，对相对原子质量、相对分子质量的认识等。知道学生存在偏差认识及障碍点的原因。例如，没有建立分子种类与物质种类、物质性质的关联，没有建立分子、原子、元素与物质类别的关联。知道帮助学生突破障碍的有效对策。例如，基于宏微观的联系开展教学，即由宏观现象引出问题，探究其微观本质，建立物质、元素等宏观概念与分子、原子等微观概念的联系。

【能力诊断】

水平	你最像下面哪一种？	自评（√）
四	（找准、归因、有对策）知道学生在知识习得、方法和观念形成过程中的障碍点及其原因。例如，没有建立分子种类与物质种类、物质性质的关联，没有建立分子、原子、元素与物质类别的关联。能针对学生的关键障碍点提出有效解决对策。例如，宏微观结合的关键是分子概念的建立	
三	（思路与方法、观念、行为）能描述学生在物质构成的奥秘主题学习中发展对物质组成、结构及物质变化的微观认识的障碍点。例如，从基于物质或物体看物质及其变化到基于元素和微粒看物质及其变化，以及元素、原子与离子的关系，基于概念之间（物质、分子、原子、元素）的整体关联认识物质及其变化	
二	（知识，全面、具体）能比较全面地说出学生在物质构成的奥秘主题中关于具体知识学习方面的具体困难及其原因。例如，混合与化合的区分，混合物、纯净物、单质、化合物的分类依据，对相对分子质量、相对原子质量的理解	
一	（知识，笼统）仅能笼统地说出学生在物质构成的奥秘主题的知识学习方面存在的困难	

【培训目标】

4.（发展路径）清楚学生在初中阶段关于物质构成的奥秘主题的具体发展路径：从知识发展线索看，知道物质的组成、分类，微粒构成物质，组成物质的常见元素，能用化学式表示物质的组成，并对物质的组成进行定量分析；从认识发展线索看，建立了分子、原子、元素等认识物质组成、构成、分类、变化的基本角度，发展了对物质组成、构成、分类、变化的微观、定量认识，具体表现为从宏观物体到物质、从物质到元素、从元素到微粒认识物质及其变化；从问题解决看，能基于对物质组构成的认识模型分析、解释实际问题；基于初中、高中必修和选修的不同阶段，知道学生对物质及其变化的认识、思路和观念的发展路径。

【能力诊断】

水平	你最像下面哪一种？	自评（√）
四	（调整、设计）能描述初中学生关于物质构成的奥秘主题的认识发展路径，即建立从分子、原子、元素等认识物质组成、构成、分类、变化的基本角度，发展对物质组成、构成、分类、变化的微观、定量认识。能根据学生关于物质构成的奥秘主题的认识发展路径对教科书内容的顺序进行调整和自主设计。例如，物质构成的奥秘主题内容的分散编排和集中编排，宏观和微观认识的相互促进和螺旋上升等	
三	（基于能力、观念、方法）能从知识、思路与方法、观念与行为等方面描述学生关于物质构成的奥秘主题的学习发展路径，如发展从微观角度认识物质的组成、构成、分类、变化等	
二	（基于教科书，系统，知识顺序）能依据教科书比较系统地描述初中学生关于物质构成的奥秘主题的知识发展路径，即知道物质的组成、分类，微粒构成物质，组成物质的常见元素，能用化学式表示物质的组成，并对物质的组成进行定量分析	
一	（依据教科书，零散，知识顺序）仅能依据教科书零散地描述初中学生关于物质构成的奥秘主题的知识发展路径	

【培训课程】

研修主题 31：学生关于物质构成的奥秘主题的发展目标和障碍点			
编号	专题	内容要点	对应水平
4-2-1	学生关于元素、分子、原子核心概念学习的发展目标、已有基础和障碍点	学生对元素、分子、原子概念的发展目标和已有基础；学生在具体概念理解和应用中的障碍点，以及对具体概念的偏差认识；相关研究的介绍和分析	一、二
4-2-2	学生基于宏观、微观认识物质能力的发展目标、已有基础和障碍点	学生从分子、原子、元素角度认识物质组构成、物质分类、物质性质及其变化的发展目标；找到学生实现认识发展目标的障碍点，进行归因分析，讨论突破障碍点的核心对策；调查学生对物质组构成的认识兴趣和发展需求	二、三

续表

编号	专题	内容要点	对应水平
4-2-3	物质构成的奥秘主题学情探查设计及其结果分析	探查学生已有基础的基本方法和具体工具；针对探查结果分析示例；自选内容、自主设计工具、施测、对测查结果进行统计分析；基于探查结果描述和呈现学生的已有基础、所处水平和典型表现	三、四

研修主题 32：学生关于物质构成的奥秘主题的学习发展路径			
编号	专题	内容要点	对应水平
4-2-4	学生关于物质构成的奥秘单元的学习发展路径	学生关于分子、原子、元素等核心概念学习的发展路径；学生对宏观现象进行微观解释的发展需求和目标分析	一、二
4-2-5	基于教科书分析学生关于物质构成的奥秘主题的学习发展路径	单元、阶段、学期不同阶段初中学生关于物质构成的奥秘主题的学习发展路径，对物质组构成、分类、性质、变化的认识发展路径	二、三
4-2-6	基于课程自主设计初中学生物质构成的奥秘主题的认识发展路径	根据学生已有基础及发展目标，结合初中阶段该主题的核心内容，自主设计初中学生关于物质构成的奥秘主题的认识发展路径，汇报、讨论交流、点评分析	三、四

（三）物质构成的奥秘主题的教学目标确定和教学评价设计及诊断指导

【培训目标】

1.（设计教学目标）针对物质构成的奥秘主题的课程内容，依据学生的发展路径，从知识与技能、过程与方法、情感态度与价值观三个维度确定主题教学目标、单元整体教学目标和课时教学目标，特别明确学生通过该主题的学习能从宏观元素和微观分子、原子角度认识物质，能从宏观和微观两个角度认识物质分类和物质变化，能在定性的基础上定量认识物质的组成和变化。

【能力诊断】

水平	你最像下面哪一种?	自评(√)
四	(基于学科核心素养、单元目标)能基于宏观辨识与微观探析、证据推理与模型认知等学科核心素养确定单元目标及课时目标,明确单元及课时对发展学生关于物质和物质变化的认识发展目标	
三	(单元整体,考虑学生,方法、态度目标具体)能依据课程标准和教科书考虑学生的已有基础和发展需求,确定单元及单课时的三维教学目标,过程与方法目标比较具体。例如,能基于分子认识物质分类(混合物、纯净物)和物质变化,能基于元素认识物质组成和物质变化	
二	(有依据、一般方法、态度)能依据课程标准和教科书确定物质构成的奥秘单元及单课时的知识、一般过程与方法和情感态度目标,如发展抽象思维能力、交流表达能力等	
一	(经验,知识)仅能基于经验设计物质构成的奥秘主题的单课时知识目标	

【培训目标】

2.(评价规划)能基于单元及其课时教学目标、针对物质构成的奥秘主题的核心知识和核心活动,从化学知识,基于分子、原子、元素认识物质组构成、分类、变化的能力,利用分子、原子、元素等核心概念,基于微观或宏微观结合分析解释实际问题的能力等维度全面设定评价内容标准,能从内容和水平两个方面进行评价规划,设计评价的双向细目表。

【能力诊断】

水平	你最像下面哪一种?	自评(√)
四	(深入归因,改进教学)能对物质构成的奥秘主题的评价目的、评价内容、评价方式进行整体规划,并根据评价目的选择评价内容,优化评价方式	

续表

水平	你最像下面哪一种？	自评（√）
三	（维度全面、内容与水平两方面规划）能就化学知识，基于分子、原子、元素认识物质组构成、分类、变化的能力，利用分子、原子、元素等核心概念，基于微观或宏微观结合分析解释实际问题的能力等维度进行整体评价规划，制定各个维度评价内容、水平的要求（或设计双向细目表）	
二	（知识，规划）能对具体知识的评价进行规划	
一	（经验，知识）仅凭经验进行知识的评价，很少进行评价规划	

【培训目标】

3.（开发评价工具）能依据评价规划，基于评价内容标准，设计出体现主题学习发展目标和认识发展功能价值的纸笔评价任务。例如，判断辨识物质组构成和物质类别，定性、定量描述物质组成，调控混合物组成，分析解释物质性质、变化及某些宏观现象；能设计教学过程中实际问题解决的活动表现观测指标，以及“验证微粒的特征”“探究水的组成”“认识原子的构成”等活动的表现评价工具。

【能力诊断】

水平	你最像下面哪一种？	自评（√）
四	（整体设计、活动表现评价）能依据学生发展空间、评价目的、内容、水平要求、评价方式等整体规划，选择、改造和设计评价任务和工具；设计评价量表对学生在课堂中的活动表现进行评价，作业设计比较全面	
三	（内容多维、选择和调整）能依据化学知识，基于分子、原子、元素认识物质组构成、分类、变化的能力，利用分子、原子、元素等核心概念，基于微观或宏微观结合分析解释实际问题的能力等维度的评价规划，选择评价任务和工具	
二	（有选择）能依据化学知识的评价规划，对教科书和教辅资料中的物质构成的奥秘习题进行选择	
一	（笼统，知识）直接将教科书和教辅资料中的全部习题布置成作业	

【培训目标】

4.（教学诊断、反馈及反思） 能对学生在问题解决活动中的表现进行及时的、有针对性的诊断评价；能根据学生的作业完成情况，开展形式多样的反馈指导，评价学生从微观视角认识物质、物质性质、物质变化的水平，总结教学目标的达成情况，反思教学活动的设计和实施，改进和调整教学设计和教学实施。

【能力诊断】

水平	你最像下面哪一种？	自评（√）
四	（基于思路与方法进行诊断、反馈、调整）能依据评价结果，描述学生在从分子、原子、元素等角度分析物质组构成、分类、变化等方面存在的不足和水平差异，能从教与学两个方面分析原因，有针对性地进行反馈指导	
三	（多面归因，指导）能根据评价结果描述学生在具体知识和具体方法方面存在的不足，能从教与学两个方面进行归因分析，能进行具体的解题方法和解题策略的指导	
二	（简单分析）能根据题面信息（题型、设问、知识主题等）和答题情况对题目进行简单分类，并能进行表面归因分析	
一	（知识评价）对于评价结果，仅关注答案是否正确、作业是否完成、学生是否掌握知识	

【培训课程】

研修主题 33：物质构成的奥秘主题的教学目标确定、评价规划及评价工具设计			
编号	专题	内容要点	对应水平
4-3-1	基于知识的主题教学目标确定和纸笔评价设计	单元和课时的知识目标、一般过程与方法目标和情感态度与价值观目标；基于知识目标的纸笔评价规划（双向细目表）设计和纸笔评价工具设计；交流分享、分析点评、讨论改进	一、二

续表

编号	专题	内容要点	对应水平
4-3-2	基于核心认识思路和观念的主题教学目标确定和纸笔评价设计	单元和课时的知识目标，对物质组构成、分类、变化等的认识发展目标，基于微观或宏微观结合的问题解决能力发展目标确定；基于认识发展目标和问题解决能力培养目标的纸笔评价规划（双向细目表）设计和纸笔评价工具设计；交流分享、分析点评、讨论改进	二、三
4-3-3	促进学生认识发展的活动表现评价设计	基于“验证微粒的特征”“探究水的组成”“认识原子的构成”等核心活动设计活动表现评价工具，并进行交流与讨论	三、四

研修主题 34：物质构成的奥秘主题的诊断指导与教学反思			
编号	专题	内容要点	对应水平
4-3-4	基于核心知识的诊断指导与教学反馈	依据学生在作业、测试中的表现从具体知识和具体方法（或具体解题策略）的角度分析其存在的问题；结合学生的作答表现和数据进行归因分析；基于问题解决经验的反馈指导	一、二
4-3-5	基于核心认识思路和观念的诊断指导与教学反馈	依据学生在作业、测试中的表现从分子、原子、元素等角度分析其在物质组构成、分类、变化等方面存在的不足和水平差异；基于问题解决和实践的反馈指导	二、三
4-3-6	对课堂教学中学生学习表现的诊断指导	对学生学习表现的诊断及归因分析；基于学生学习表现，以突破学生认识发展障碍点、形成思路与方法为目标的指导原则和策略；基于学生学习表现，从活动与问题的设计等角度进行教学反思及调整	三、四

（四）物质构成的奥秘主题的教学过程设计

【培训目标】

1.（教学原则与策略）知道物质构成的奥秘主题的教学原则是宏微观结合，能采用模型建构、图示表征、符号表征、概念图等策略发展学生对物质及其变化的微观认识，借助实验、图片等证据与学生展开对话。知道常用的概念转变教学策略。

【能力诊断】

水平	你最像下面哪一种？	自评（√）
四	（关键问题）能阐述分析物质构成的奥秘主题的教学关键问题及其核心教学策略，如分子、原子、元素等核心概念的认识发展功能价值的实现，微观结构模型的建构，宏微观结合的认识模型的建构、基于模型建构的科学探究活动的开展等教学关键问题，并能选择恰当的教学策略解决上述关键问题	
三	（全面，原型－解析）能说出物质构成的奥秘主题的主要教学原则，能采用模型建构、图示表征、符号表征、概念图等策略发展学生对物质及其变化的微观认识，并能结合典型案例对其进行阐述分析	
二	（零散，主题教学原则）能零散地说出物质构成的奥秘主题的教学原则，如利用实验、分子模型等将微观、抽象的学习内容宏观、直观化	
一	（照搬）基于经验（对概念及关键字词进行解析）进行教学设计，忽视该主题的教学特点	

【培训目标】

2.（教学取向确定及教学环节设计）知道物质构成的奥秘主题的几种常见教学取向，如以具体概念为本的教学、以观念建构为本的教学、促进学生认识发展的教学；知道与各教学取向相对应的教学环节，如以具体概念为本的教学通常包括概念形成、概念理解和概念应用等环节，促进学生认识发展的教学通常包括探查原有认识、认识形成或转变、认识应用等环节。

【能力诊断】

水平	你最像下面哪一种？	自评（√）
四	（认识发展或观念建构，系统设计）具有明确的促进学生认识发展（或观念建构）的教学取向，并能进行整体、系统设计	
三	（认识发展或观念建构，局部）关注认识发展或观念建构，能在部分教学环节体现促进认识发展或观念建构的设计，如能有意识地探查学生的原有认识	
二	（概念教学）关注具体概念的落实，能有意识地设计相应的教学环节（概念形成、概念理解、概念应用）	
一	（照搬）照搬常规课例或套用一般教学模式，没有明确的教学取向	

【培训目标】

3.（核心问题任务、问题线索及学生活动设计）依据教学中分子、原子、元素等核心概念的功能价值及学生的认识发展需要，设计核心问题、任务与活动；了解适合该主题内容的学习活动任务类型（如对分子、原子、元素等核心概念的比较关联、对微观模型的说明论证、对宏观现象的分析解释、对组成变化的推论预测等），并能综合考虑知识逻辑顺序、学生认识发展脉络，对核心问题和任务进行合理拆解，设计子任务或下级驱动问题活动，并设计合理的活动。例如，原子、元素概念的教学，以“对一组物质进行分类”为核心任务，促使学生发现不同物质的相同之处，在此基础上进一步建立对原子、元素的认识。

【能力诊断】

水平	你最像下面哪一种？	自评（√）
四	（指向认识发展，基于多种线索和逻辑关系设计）能基于核心问题任务，综合考虑知识的逻辑顺序、学生的认识发展脉络设计问题线索，以及适合该主题内容、促进学生对物质及其变化的认识发展和高级思维发展的多样化的学习活动任务，如比较关联、说明论证、分析解释、推论预测等；能预设学生在活动中的表现，并设计相应的对策	

续表

水平	你最像下面哪一种？	自评（√）
三	（指向认识发展设计核心任务，活动有目的性）能基于分子、原子、元素等核心概念的功能价值或学生的认识发展需要设计核心任务和活动，但缺少推进核心任务的问题；能针对学生的认识发展需要和认识发展障碍点设计教学活动	
二	（指向知识，活动形式化）关注落实具体知识和习题解决的问题设计，将教科书中的问题或任务进行简单改造；学生活动多样，但活动目的不明确、形式化，缺少学生发展功能	
一	（照搬，缺少活动）直接照搬教科书中的任务和问题，很少进行改造或者自主设计，学生活动大多是听讲、做题	

【培训目标】

4.（素材证据的选取）明确物质构成的奥秘主题的学习特点，知道适时、恰当提供情境证据素材是促进学生有效开展学习的常用策略；了解物质构成的奥秘主题常用的情境素材类型，如微观图示、微观模型、化学史素材等；知道物质构成的奥秘主题选取素材的维度。

【能力诊断】

水平	你最像下面哪一种？	自评（√）
四	（深度加工）能发挥素材的多种功能，广泛选择和使用素材，并对素材进行深度加工，帮助学生建构分子、原子、元素等认识角度，转变认识偏差，建构模型，发展能力素养	
三	（有意识选取）了解物质构成的奥秘主题常用的情境素材类型，如微观图示、微观模型、化学史素材等；能根据教学功能选取和使用素材	
二	（素材源于教科书）能运用教科书中的素材和例子，帮助学生理解物质构成的奥秘主题的相关知识	
一	（缺乏素材）主要讲解知识要点，缺少素材和例证	

（五）物质构成的奥秘主题的教学实施

【培训目标】

1.（教学目标与教学设计的课堂实现及其调整）通过教学实施较好地实现教学目标，实现教学设计的理念和主要活动，从分子、原子、元素角度充分开展关于物质组构成、分类、变化的认识活动，充分开展关于自然界和实验室中宏观现象的分析解释活动。能根据课堂上学生解决问题的表现，合理调整教学进程。

【能力诊断】

水平	你最像下面哪一种？	自评（√）
四	（落实认识发展，调整、生成）能很好地落实知识目标和基于微观对物质组构成、分类、变化的认识发展目标，能较好地实施教案中的问题与活动，能根据课堂上学生的实际情况及时合理地调整教学进程	
三	（落实知识和一般过程方法）能较好地落实化学知识和一般过程与方法（如抽象思维等）的教学目标，能较好地体现教案中的问题与活动，能根据课堂情况调整教学	
二	（落实知识）能落实知识教学目标，与教案中的主要问题与活动比较吻合	
一	（不匹配）教学实施经常与教学目标、教案中的问题与活动存在较大差异	

【培训目标】

2.（基本教学技能）具有良好的基本教学技能，能有效利用现代教育技术模拟物质的微观构成及物质变化的微观过程，能制作、讲解简单的模型教具；具有研究物质组构成的教学技能，如基于宏观实验事实提出假说，建构理论模型。

【能力诊断】

水平	你最像下面哪一种？	自评（√）
四	（创造性开发）能创造性地开发和使用教学技术和手段，能运用 VR 等现代教育技术手段恰当模拟物质的微观构成及物质变化的微观过程，充分发挥其在解决问题、获得新知、发展认识等方面的教学功能	

续表

水平	你最像下面哪一种？	自评（√）
三	（主题特色）能使用模拟动画和模型教具开展教学，具有研究物质组构成的教学技能，如基于宏观实验事实提出假说，建构理论模型	
二	（基本达成）能清晰地表达和讲解，能运用课件、实验、板书等基本教学手段，能安全、规范地进行演示实验	
一	（未达成）教学语言表达逻辑混乱，基本不能顺利完成教学	

【培训目标】

3.（活动的开展与指导）能有效组织学生开展基于微观对物质组构成、变化的想象、表达、交流研讨等学习活动，创设自由平等的课堂氛围，为不同水平的学生提供提问、质疑、表达观点的机会，倾听各水平学生的观点，并能做出准确判断和及时反馈。在与学生进行对话的过程中，引导学生转变迷思概念、发展认识，有效组织、指导学生开展概念图制作活动，帮助学生建立物质、分子、原子、元素等概念的关联，构建认识模型，有效组织、指导学生开展宏观－微观－符号转化表征活动。

【能力诊断】

水平	你最像下面哪一种？	自评（√）
四	（生成性）能有效组织和实施各种学生活动，能抓住活动中生成的问题引发新一轮活动，能对学生的高级思维、思路与方法进行指导，合理调整活动的实施进度	
三	（核心活动，具体指导）能有效组织学生开展基于微观对物质组构成等的想象、表达、交流讨论活动及概念图制作、宏观－微观－符号转化表征等多种活动；能发现学生在活动中的问题，并对学生活动进行有针对性的指导，根据学生的活动表现调整活动过程	
二	（一般性指导）能顺利开展学生活动，适当地组织和调控，能对学生进行实验操作、观察、合作等方面的指导	
一	（无活动或过程混乱、低效）不能顺利开展学生活动，活动过程混乱，对学生活动缺少必要的组织和调控	

【培训目标】

4.（思路与方法外显）善于探查和呈现学生对实际问题的已有认识，能通过追问外显学生分析问题的思路和过程，诊断学生存在的认识障碍和思路上的问题，并做出评价和引导；能通过课件、板书等外显学生应该建立的思路与方法，即基于分子认识物质及其变化的不同之处，认识混合物、纯净物；基于原子、元素认识物质及其变化的相同之处，认识单质、氧化物等。

【能力诊断】

水平	你最像下面哪一种？	自评（√）
四	（学生思路建构与外显）善于探查和呈现学生对实际问题的已有认识，能通过追问等方式外显学生分析问题的思路和过程，诊断学生存在的认识障碍和思路上的问题，并做出评价和引导，通过课件、板书等外显学生应该建立的思路与方法	
三	（教师思路外显）有明确的思路，但教学过程中由教师直接概括、讲授思路	
二	（思路内隐）有合理的思路，但思路内隐，缺乏外显，能就知识的落实与学生开展对话	
一	（缺思路）缺少思路，缺少逻辑，知识堆砌，只关注知识的落实	

【培训课程】

研修主题 35：物质构成的奥秘主题的教学取向和教学原则、策略			
编号	专题	内容要点	对应水平
4-4-1 4-5-1	物质构成的奥秘主题的教学特点、教学方式及教学原则	物质构成的奥秘主题的教学特点，倡导的教学方式及教学原则	一、二
4-4-2 4-5-2	物质构成的奥秘主题的教学关键问题与对策	物质构成的奥秘主题的教学关键问题，如微观结构模型的建构、宏观与微观结合的认识模型的建构、基于模型建构的科学探究活动的开展、利用教育技术手段支持重难点问题突破等；针对关键问题的对策分析，案例分析与讨论	二、三

续表

编号	专题	内容要点	对应水平
4-4-3 4-5-3	促进学生认识发展的教学案例设计及分享	教师间分享自己最满意的教学案例；案例交流、改进；提炼促进学生认识发展的教学策略	三、四

研修主题 36：物质构成的奥秘主题的教学过程设计与实施			
编号	专题	内容要点	对应水平
4-4-4 4-5-4	基于教科书的课时教学过程设计与实施	基于教科书进行教学设计的思路与方法；基于学生学习需求补充活动和素材（在教科书基础上）；设计并实施教学过程，并进行汇报交流和总结反思	一、二
4-4-5 4-5-5	促进学生认识发展的单元整体教学过程设计与实施	基于学生的认识发展路径确定单元教学目标、课时教学目标及课时核心教学活动；教师交流单元教学设计与实施过程中的感受和发现的问题；诊断和指导单元教学设计的方法和实施策略，提供典型教学案例	二、三
4-4-6 4-5-6	物质构成的奥秘主题教学行动研究：教学问题的确定、分析与研究	教师反思物质构成的奥秘主题教学中需进一步提升和改进的点，确定教学问题；教师设计、实施教学研究方案，并进行汇报、评析和指导；教师总结反思教学研究的方法，并给予评析和指导	三、四

五、物质的化学变化主题

（一）物质的化学变化主题的内容及价值理解

【培训目标】

1.（学科内容理解）明确物质的化学变化主题的知识体系，了解化学变化本质、反应规律、反应与能量等方面的核心概念，关注重要知识和概念之间的关联；了解分类、变量控制、归纳和抽象概括等常用的思想方法，以及研究化学变化的基本实验方法；明晰认识化学变化的角度和框架，形成分类观、变化观等基本观念，并能主动利用这些观念分析和解决问题。

【能力诊断】

水平	你最像下面哪一种？	自评（√）
四	（形成观念，迁移）能自主、熟练地从多角度研究化学变化，能分析真实的变化问题，善于追问陌生变化中的变与不变、能量对变化的影响以及变化的规律等，并利用化学变化来研究物质组成、性质和制备的问题	
三	（核心概念体系，思想方法）能围绕化学变化，从特征与本质、过程与机理、能量变化、定性分类、定量关系、速率与限度、条件的影响等方面建构核心概念体系，多角度认识化学变化；同时关注分类、变量控制、归纳和抽象概括等思想方法的应用	
二	（内涵解读）能比较系统地说出化学变化相关概念的内涵，如化学变化的特征是有新物质生成、化学变化伴随能量变化、变化是有条件的、化学变化中参与反应的物质总质量等于反应生成物质的总质量	
一	（零散孤立）仅能零散地说出化学变化方面的一些知识点和名词，如化学变化的特征、质量守恒定律等	

【培训目标】

2.（教学价值认识：社会价值、学科本体价值、学生学习价值）认识到化学变化是化学研究的重要内容，可以通过化学变化制备、转化、检验、分离物质，获取能量及研究物质的性质；认识到质量守恒定律、方程式计算等具体知识与技能的学习价值，同时关注物理变化与化学变化、反应类型、质量守恒定律等核心概念在多角度认识化学变化方面的价值；认识到化学变化在探索物质组成、研究物质性质及物质检验、分离提纯时所起的作用。

【能力诊断】

水平	你最像下面哪一种？	自评（√）
四	（观念迁移和素养形成的价值）能关注到观念迁移的价值，体会到多角度认识化学变化在研究物质组成、性质、检验、分离和指导物质制备时发挥的作用（如反应现象在检验物质和排除干扰时的重要作用，质量守恒定律在确定物质组成时的作用）	

续表

水平	你最像下面哪一种?	自评（√）
三	（对观念形成的价值）能全面认识化学变化对社会、学科和学生学习的价值，具有丰富的实例和相关知识、信息储备；能分析具体概念（如化学变化、化合反应、质量守恒定律）对形成多角度认识化学变化等观念的独特价值和贡献	
二	（列举实例）能结合实例具体说明化学变化的价值，能说明具体概念对后续知识学习和技能掌握的价值（如质量守恒定律的学习为化学方程式的计算提供理论基础）	
一	（笼统、零散）仅能笼统说出化学变化对促进社会发展、促进学生学习化学的重要性	

【培训目标】

3.（课程理解与把握）知道初中、高中阶段课程标准在物质的化学变化特征、类型、本质、质量关系、物质变化与能量变化等方面的内容要求；明确初中阶段化学课程标准对多角度认识化学变化和形成变化观方面的要求；关注初中阶段化学课程标准其他主题中形成的元素观、微粒观等观念对理解化学变化的作用，如从原子、分子角度解释化学变化，从元素角度认识变化中的守恒等，关注变化观对研究物质组成、性质和检验方面的功能。

【能力诊断】

水平	你最像下面哪一种?	自评（√）
四	（跨学段、跨学科）关注整个中学阶段化学课程标准中对“变化本质”“变化分类”“变化中的定量关系”等方面的要求，将这些化学观念和问题的整体要求与不同阶段的发展及自己对化学变化的认识进行对照；关注化学变化对其他学科内容学习的帮助	
三	（同阶段、跨主题）能理解初中阶段化学课程标准中物质的化学变化主题各部分内容要求及其联系（认识和判断化学变化、变化的类别和例子、变化的规律和条件等），同时关注物质的化学变化主题与其他主题之间的关联，能体会到化学变化为具体反应的学习提供角度和思路，为探究物质组成和性质提供手段，为检验物质提供证据	

续表

水平	你最像下面哪一种?	自评（√）
二	（主题内全面）能比较全面地陈述初中阶段化学课程标准中对物质的化学变化特征、类型、质量守恒定律等内容的要求	
一	（零散）仅能零散地说出初中阶段化学课程标准中化学变化主题的课程内容和要求	

【培训目标】

4.（教科书与教学内容组织）熟悉教科书中与物质的化学变化主题相关的教学内容的编排，理解教科书的逻辑和思路，关注教科书中物质的化学变化主题相关内容编排与其他主题内容编排之间的联系；能比较教科书与自己的设计想法，了解、比较不同版本教科书中的核心活动和问题设计，依据需要选择和重组教学内容。

【能力诊断】

水平	你最像下面哪一种?	自评（√）
四	（选择、调整、组织教学内容）了解并能比较不同版本教科书物质的化学变化主题的编排特点和核心活动，能以促进学生发展为目的合理选取、重组和设计符合学生需要和特点的教学内容	
三	（系统）能体会教科书的编写意图，理解分散编排与集中处理的意图，能对教科书的编排思路进行简单评价，并能对主要活动进行评析，为自己的教学设计提供支持	
二	（全面）能比较系统地说出所用版本教科书中化学变化的相关内容和编排特点（分散或集中），以及主要活动的设计	
一	（零散、笼统）仅能零散地说出所用版本教科书中与物质的化学变化主题相关的知识点或教科书中的描述	

【培训课程】

研修主题 37：物质的化学变化主题的知识、概念体系和重要观念			
编号	专题	内容要点	对应水平
5-1-1	初中阶段物质的化学变化主题的内容框架	基于教科书梳理物质的化学变化主题的内容框架，解析变化观的内涵，明确初中阶段与化学变化相关的知识与问题；梳理并适当扩展教科书中的实例，丰富与初中化学变化相关的应用素材，体会其社会和学科价值	一、二
5-1-2	物质的化学变化主题的核心概念和知识结构	梳理关于化学变化的学科问题与核心知识（变化本质、化学变化与能量、反应速率、限度、方向等），体会化学变化研究的不同角度；搜集、交流、分享初中化学教学中可用的生产和学科发展素材	二、三
5-1-3	物质的化学变化主题对学生变化观与平衡思想素养的培养	讨论化学变化观的内涵，并将其用于分析物质组成、性质、检验等问题；交流分享一些设计巧妙的案例，并在应用中反思变化观的价值和指导作用	三、四

研修主题 38：物质的化学变化主题的课程内容及教学价值			
编号	专题	内容要点	对应水平
5-1-4	初中阶段物质的化学变化主题课程内容分析	解读课程标准中物质的化学变化主题的相关内容，分析所用版本教科书中课程内容的具体体现；介绍并分析不同版本初中化学教科书物质的化学变化主题内容的组织和呈现，初步比较、丰富教学内容和核心活动	一、二

续表

编号	专题	内容要点	对应水平
5-1-5	中学阶段物质的化学变化主题课程内容和发展	分析比较其他版本教科书，研究其设计逻辑和思路，基于课程标准及学生情况，讨论不同版本教科书之间的差异和各自的优势，交流对教科书的理解和评析；讨论物质的化学变化主题课程内容与其他主题课程内容的关联；不同阶段（小学科学、初中、高中）物质的化学变化主题课程内容的区别和联系；思考不同设计对化学变化观念建立的影响	二、三
5-1-6	自主设计与开发物质的化学变化主题教学内容	在比较和评析其他版本教科书物质的化学变化主题内容的组织和呈现的基础上，结合学情特点，借鉴、重组或自主设计符合学生需要的、有利于化学变化观念建构的教学内容及其组织顺序和可用素材，并进行汇报交流和点评分析	三、四

（二）物质的化学变化主题的学生发展空间分析

【培训目标】

1.（已有基础）了解学生在化学变化方面的生活经验（某些变化会放热，燃烧、金属生锈需要一定的条件），对具体化学反应的感性认识，以及在物质构成和化学变化方面的已有知识基础；关注学生在研究物质及分析实验和实际问题时的角度和思路；聚焦学科观念，通过观察和探查，明确学生当前化学变化的认识水平（描述辨识水平、分析解读水平、设计调控水平）。

【能力诊断】

水平	你最像下面哪一种？	自评（√）
四	（基于认识、系统、能探查）能探查学生能否从多角度认识化学变化（特征与本质、物质和能量变化、条件、现象、类型和规律等），关注学生能否基于变化观解决化学变化的识别、分析和判断问题；能设计探查问题并通过典型表现进行诊断	

续表

水平	你最像下面哪一种？	自评（√）
三	（多角度、有意识）能说出学生在化学变化方面的已有认识（如某些变化会放热、燃烧、金属生锈需要条件）及某些观念（如朴素的守恒观等），在教学中有意识地探查学生对化学变化的想法和解决一些问题的思路	
二	（全面具体知识）能比较全面地说出学生的生活经验（燃烧、生锈等）和此前已学的相关知识，关注学生是否具备对具体反应的感性认识（典型现象、条件、某一类的具体反应、对反应前后质量变化的直觉等）	
一	（零散知识）仅能零散地说出一些学生对化学变化的已有知识和经验	

【培训目标】

2.（发展需求）关注和了解学生对化学变化的学习兴趣和认知需求；明确物质的化学变化主题的学习目标，包括需要学习的核心概念，需要形成的概括化认识和观念等；明确物质的化学变化主题的应然能力要求，逐步使学生能描述和辨识、分析和解读、设计和调控化学变化。

【能力诊断】

水平	你最像下面哪一种？	自评（√）
四	（形成观念，发展能力）明确学生应形成辨识、分析、设计与调控化学变化的能力；明确学生应当如何理解和利用对化学变化的认识来解决其他问题（如知道学生可以设计化学变化研究物质性质等）；了解学生在应用化学变化时的兴趣	
三	（思路与方法、观念）明确知识学习后学生应形成的概括化认识（从物质与能量角度分析化学变化，通过控制反应条件可以调控化学变化等）；关注并及时探查学生在学习分子、原子、质量守恒定律等概念后应有的认识角度和思维方式上的变化（建立微观角度，形成定量认识）	
二	（具体知识全面）明确学生应掌握的重要知识的内涵和概念之间的关联以及相应的学习要求（如能判断化学变化，能基于质量守恒和方程式进行计算等），了解学生对化学变化的认识需求和学习兴趣	

续表

水平	你最像下面哪一种？	自评（√）
一	（零散，知识）能零散地说出学生在物质的化学变化主题需要学习的一些重要知识，不太关注和了解学生感兴趣的问题	

【培训目标】

3.（障碍点）知道学生在化学变化判断、化学方程式书写和计算等方面的具体困难，以及在分离－分解、混合－化合等概念上的混淆等；意识到学生认识化学变化的方式往往是孤立的、具象的、定性的，缺乏联系、概括和定量认识；同时在主动应用化学变化解决其他问题时存在困难。

【能力诊断】

水平	你最像下面哪一种？	自评（√）
四	（找准、归因、有对策）能设法确认学生出现问题的深层原因，并基于不同原因制定策略，转变学生具体的认识偏差，并设法突破学生思维方式上的局限	
三	（思维与方法、观念）能关注到学生思维方式的局限性（孤立、具象、定性），并能列举这些局限性的具体表现（如学生孤立地关注反应中的某些反应物而忽略其他，学生不清楚质量守恒定律是整个体系中对参加反应的各物质而言的）	
二	（具体、全面）能全面地说出学生在物质的化学变化主题关于知识、概念学习的具体困难及其原因，如混淆分离与分解，错误地基于发光等现象判断化学变化的认识偏差等	
一	（知识、笼统）仅能笼统地说出学生在书写化学方程式、计算等方面存在的困难	

【培训目标】

4.（发展路径）明确学生认识化学变化—分析化学变化—应用化学变化的发展路径；能通过概括形成认识视角（如从具体变化中概括新物质生成这一视角），能通过应用巩固认识视角（如通过计算和实际定量问题巩固定量视角）；能整体规划形成不同认识角度的时机，先在性质学习中概括对化学变化的认识，再用对化学变化的认识研究性质和检验物质，根据学情调整规划。

【能力诊断】

水平	你最像下面哪一种？	自评（√）
四	（调整、设计）能从建构和应用变化观的角度考虑化学变化教学的顺序与重点，并根据学生的认知需求、已有基础和障碍点自主设计适合学生的最佳学习路径（如尽早建立定性认识化学变化的若干角度，并认识身边物质的性质）	
三	（基于概念理解和应用）在考虑已有知识和逻辑的同时，尽可能地通过后续学习加深对之前概念的理解，并应用之前的概念作为学习新内容的工具；能以此为核心分析和调整教科书内容的顺序	
二	（依据教科书，系统，知识顺序）主要根据知识间的逻辑关联理解和分析教科书中化学变化相关内容的学习顺序	
一	（依据教科书，零散，知识顺序）仅能依据教科书描述化学变化相关内容的学习顺序	

【培训课程】

研修主题39：学生关于物质的化学变化主题的发展目标和障碍点			
编号	专题	内容要点	对应水平
5-2-1	学生关于物质的化学变化主题学习目标、已有基础和障碍点分析	梳理物质的化学变化主题相关教学内容（特征与判断、变化本质、质量守恒的理解等）的发展目标、学生已有基础和障碍点；介绍并分析一些典型的偏差认识及案例	一、二
5-2-2	多角度认识物质的化学变化主题的学习目标、基础和障碍点研究	梳理多角度认识化学变化的相关问题，分析学生的学习目标和已有经验，调查并交流可能遇到的困难，分析原因并讨论对策，调查交流学生的认识兴趣	二、三
5-2-3	自主设计物质的化学变化主题学情探查及结果分析	确定关注点和研究问题，自选物质的化学变化主题的教学内容自主设计问卷、二段式测查题等探查工具，对所教班级学生施测，对测查结果进行统计分析，基于探查结果描述呈现学生对该内容的已有基础、学习需求和障碍点	三、四

研修主题 40：学生关于物质的化学变化主题的学习发展路径			
编号	专题	内容要点	对应水平
5-2-4	学生关于物质的化学变化主题的知识发展路径	梳理所用版本教科书中化学变化、反应类型、质量守恒等知识的发展路径，介绍“感知化学变化—理解化学变化—探究物质化学变化的规律”等主要发展阶段	一、二
5-2-5	基于教科书分析学生认识物质的化学变化主题的思路与方法和发展路径	结合具体概念分析其在不同阶段的发展路径，关注角度建立、角度应用、角度自主调用等不同阶段的不同要求，并与各版本教科书相对照；从发展路径的角度反思、讨论、优化自己的教学计划	二、三
5-2-6	基于课程自主设计学生关于物质的化学变化主题的学习发展路径	根据初中阶段课程标准的要求，比较各版本教科书的不同处理，分析、比较由此带来的不同发展路径，结合学情，自主规划设计初中学生关于物质的化学变化主题的学习发展路径，组织教师进行交流与评价	三、四

（三）物质的化学变化主题的教学目标确定和教学评价设计及诊断指导

【培训目标】

1.（设计教学目标）能基于课程内容要求和学生已有基础、障碍点和发展路径，确定课时、单元或复习阶段的知识目标；明确基于观察归纳、分类、变量预测与控制等方法来描述、分析和调控化学变化的过程与方法目标；积极合理地利用化学变化的情感态度目标。注重通过具体知识和方法的理解，形成“多角度认识化学变化”的认识，并迁移利用这种“变化观”分析和解决物质构成、性质等化学问题。

【能力诊断】

水平	你最像下面哪一种？	自评（√）
四	（单元整体，观念、素养）能合理规划课时、单元和复习目标，促进学生“多角度认识化学变化”，重视利用“变化观”来判断、分析和调控化学变化等作为应用、复习目标，来解决物质结构、性质、检验等化学问题	

续表

水平	你最像下面哪一种?	自评（√）
三	（单元整体，考虑学生，方法、态度具体）能根据教学内容的特点及学情，确定具体的、有针对性的单元及课时三维目标，明晰过程与方法目标中所用的方法（观察归纳、分类、变量预测和控制等），情感态度与价值观目标中涉及对化学观念、素养培养的贡献	
二	（有依据，一般方法、态度）能基于课程标准和教科书内容确定物质的化学变化主题教学单元及课时的三维目标，但过程与方法、情感态度与价值观目标描述比较泛化	
一	（经验，知识）仅能根据经验确定物质的化学变化主题各课时的知识目标，不关注知识之间的关联	

【培训目标】

2.（评价规划）能从知识、方法、态度等维度展开评价，基于对内容价值的分析和现有评价的研究，选择核心知识（如化学变化、反应类型、质量守恒定律、燃烧条件等）与关键方法（如控制变量等）作为主要评价内容；能根据教学进度和阶段，针对评价内容规划不同的水平要求（如辨识和判断、分析和解释、调控和设计等）；明确诊断性评价和选拔性评价的差异，了解表现性评价，能根据评价目的和内容进行评价规划。

【能力诊断】

水平	你最像下面哪一种?	自评（√）
四	（目的、内容、水平、评价方式多方面规划）能依据学生的发展空间、课程标准、学业水平要求，从评价目的、内容、水平要求、评价方式等方面进行物质的化学变化主题的整体评价规划，特别重视对学生诊断性评价的规划和设计	
三	（维度全面、水平和内容两方面）能兼顾和整合重点内容和关键方法、观念，规划合理的水平要求（如借助典型现象和类比判断化学变化，利用控制变量思想研究催化剂对反应的影响及归纳燃烧条件）	
二	（全面，知识）能依据学业考试要求从知识和水平两个纬度针对化学变化的重点内容设计较全面的评价规划	
一	（零散，知识）凭经验对学生物质的化学变化主题的知识学习进行评价，不关注水平和难度	

【培训目标】

3.（开发评价工具）能针对评价规划中的核心内容和关键方法，开发或筛选合适的评价工具；关注应用化学变化的情境与任务，补充应用化学变化预测和解决问题的作业和测试题。基于评价规划，预期学生表现，在课堂提问和活动中实现实时评价诊断。

【能力诊断】

水平	你最像下面哪一种？	自评（√）
四	（整体设计，活动表现性评价）能依据规划中的重点内容，改造现有问题，突出对从认识角度、思路与方法和自主运用与迁移角度解决问题的观念的评价；依据规划，预期学生在角度调用和角度推理上的表现，在课堂提问或活动中实现实时评价诊断	
三	（内容多维，选择和调整）能依据规划，针对辨识和分析化学变化、预测反应物或生成物、定量分析反应等问题类型筛选不同的题目，关注题目中对于认识角度的要求与利用方式，提供丰富的变式问题	
二	（有选择）能根据知识的评价规划，制定评价内容和水平要求的双向细目表来选择习题，对学生进行评价	
一	（笼统，知识）直接使用教科书中的课后习题和教辅资料作为课内外作业	

【培训目标】

4.（教学诊断、反馈及反思）不仅关注评价结果及错误表象，更注重分析学生在角度调用和角度推理方面的问题和规律；能对评价结果进行统计，并依据较为本质的归因对问题表现进行分类；能从教与学两个方面进行反思，既能提供及时的指导，又能在后续教学中针对发现的深层问题调整教学。

【能力诊断】

水平	你最像下面哪一种？	自评（√）
四	（深入归因，改进教学）能从“分析化学变化的角度”和“认识变化的方式”等思维层面进行深入归因，发现学生在思路与方法上的问题和规律，不仅能有针对性地指导，还能调整后续教学的方式	

续表

水平	你最像下面哪一种？	自评（√）
三	（双面归因，指导）能基于评价结果从知识、过程和方法等多个角度较深入地分析，从教与学两个方面进行反思，并进行分类和有针对性的指导	
二	（简单分析）能有意识地对评价结果进行简单的定量分析，总结学生在知识方面存在的问题，并进行较简单的归因（如不认真审题、基础薄弱、计算错误等）和反馈	
一	（知识评价）关注学生是否掌握知识、作业是否完成及答案是否正确，在教学结束后很少基于学生表现反思教学过程	

【培训课程】

研修主题 41：物质的化学变化主题教学目标确定			
编号	专题	内容要点	对应水平
5-3-1	物质的化学变化主题的知识教学目标、评价规划和纸笔评价	结合案例示范确定和表述化学变化主题的课时三维目标，基于知识目标设计评价规划，交流各概念的重难点，命题经验和优质命题，分析与改进规划与命题	一、二
5-3-2	基于多角度认识物质的化学变化的教学目标、评价规划与纸笔评价	以形成和应用多角度认识物质的化学变化为核心目标，结合典型案例，进一步完善单元和课时三维教学目标，注重在评价中体现对化学变化的认识与应用；分类整理相关中考试题，与目标和评价规划相比对，理解其命题思路和方法；交流评价规划并自主设计纸笔评价	二、三
5-3-3	促进学生认识发展的活动表现评价	分析典型活动（如系统观察化学反应、对质量守恒定律的微观解释等）中的目标要求，基于典型活动设计表现性评价；将日常教学活动与相应的试题关联起来，讨论试题中的变式，以及不同阶段适合学生的练习题目。交流、比较并讨论自己的规划、实践与心得	三、四

研修主题42：物质的化学变化主题的诊断指导与教学反思			
编号	专题	内容要点	对应水平
5-3-4	基于核心知识的物质的化学变化主题的诊断指导与教学反思	根据学生在作业和测试中的表现，诊断学生在化学变化方面的知识（如化学变化、反应类型的判断等）和具体解题方法（化学方程式计算等）上存在的问题，对学生存在的问题进行分类梳理。结合典型的学生问题案例，交流讨论反馈方法及对教学的反思	一、二
5-3-5	基于核心认识、思路与方法的物质的化学变化主题的诊断指导与反馈	根据学生的作业和测试情况，诊断学生在应用对化学变化的多角度认识解决物质性质、组成、检验等问题时存在的问题，结合典型的学生问题案例，交流讨论问题原因、反馈方法及对教学的反思	二、三
5-3-6	在物质的化学变化主题课堂教学中对学生学习表现的诊断及指导	结合表现性评价的情况，对学生的学习情况进行判断，结合表现实证分析某些困难或认识偏差的形成原因。以“促进学生建立和应用对化学变化的多角度认识”为导向，交流讨论反馈方法及教学反思	三、四

（四）物质的化学变化主题的教学过程设计

【培训目标】

1.（教学原则与策略）明确物质的化学变化主题以形成对化学变化的多角度认识为目的；知道物质的化学变化主题应重点体现抽象概括——从特殊到一般的特点，需要鼓励学生积极猜想、讨论归纳，并进行实验验证，最终得出并理解概念；重视将学生经验转化为假设，引导学生讨论、分类和归纳，让学生从实验中分析变量并建构变量关系，以及利用化学变化观解决其他问题等方面的核心策略。

【能力诊断】

水平	你最像下面哪一种？	自评（√）
四	（关键问题）能熟练地促进学生经验转化为假设，引导学生讨论、分类和归纳，让学生从实验中分析变量并建构变量关系，以及利用变化观解决其他问题	
三	（全面、具体，原型－解析）能以认识物质的化学变化为目的，采用实践反思、猜想假设等策略促进学生的认识形成与应用，并能结合典型案例对其进行阐述分析	
二	（一般性策略）遵循一般性概念原理的教学原则，如从具体到抽象、概念演绎等进行教学	
一	（经验）使用一套熟悉的教学模式，忽视或不清楚物质的化学变化主题的教学特点	

【培训目标】

2.（教学取向确定及教学环节设计）了解物质的化学变化主题的主要教学取向，如概念解析、概念理解、概念转变、观念建构等；能根据教学内容的不同选择并整合教学取向，据此设计教学环节。

【能力诊断】

水平	你最像下面哪一种？	自评（√）
四	（系统设计）能最大限度地挖掘素材和教学内容价值，整合不同的教学取向设计教学环节	
三	（基于内容选择）能根据不同教学内容的特点，设计适当的教学环节（如物理变化和化学变化采用观念建构、质量守恒定律采用概念转变等）	
二	（知识逻辑）主要关注概念的解析、理解和落实，经常使用知识逻辑或一般性探究逻辑设计教学环节	
一	（照搬）经常直接照搬教科书或别人的环节设计，不清楚该主题应该采用的教学取向及教学环节	

【培训目标】

3.（核心问题任务、问题线索及学生活动设计）能以促进学生认识物质的化学变化为根本目标设计核心任务和活动，从物质、能量、条件、定量等角度认识物质的化学变化；能基于探究或真实问题解决的逻辑将问题拆解，并通过逐步深入的追问驱动学生的认识走向深入。关注辨识、分析、调控化学变化等原型活动经验，并据此设计具体的学生活动；能围绕概念和规律的形成与应用，设计变化和反应分类、实验归纳、解释规律、计算、猜测陌生的化学反应等活动。

【能力诊断】

水平	你最像下面哪一种？	自评（√）
四	（指向能力素养，整体性，驱动性）能基于学生的情况设计贯穿始终的、学生感兴趣的核心问题，不仅促使学生从多角度分析物质的化学变化，更驱动其利用变化观点分析解决真实的问题，发展其能力素养；能自主设计促进学生自主知识建构、高级思维发展的活动，如解释、预测、设计、论证、决策、评价、辩证等；能预测学生在活动中的表现并设计对策，以满足实际教学中出现的不同情况，促进学生发展	
三	（指向认识，有目的）以促进学生多角度认识物质的化学变化为目的，设计问题让学生从物质、能量、条件、定量等角度认识和分析化学变化，能设计“对一组反应特点分析、分类和应用设计”之类的统摄性任务，缺少具有足够驱动性的问题；活动多样、目标明确，能促进学生的发展，初步预设学生在活动中的表现和相应对策	
二	（指向知识，活动形式化）能根据要落实的知识点设计一系列比较系统的问题，但驱动性不强，缺少学生发展功能。能有意识地设计教科书中的活动，分析学生在活动开展中可能遇到的困难，主要目的是顺利开展活动，初步设计对策，缺少学生发展功能	
一	（照搬，缺少活动）缺少问题或照搬教科书中的问题和活动，问题之间的逻辑性不强，学生活动大多是听讲、练习	

【培训目标】

4.（素材证据的选取）明确物质的化学变化主题的学习特点，关注素材的启发和证据功能，选择具有典型功能和实际价值的反应（不同类别、不同条件、有能量变化等）作为素材使用。

【能力诊断】

水平	你最像下面哪一种？	自评（√）
四	（深度加工）明确物质的化学变化主题的学习特点，能发挥素材多样化的功能（启发和证据等），并根据教学意图对素材进行深度加工	
三	（有意识选取）了解物质的化学变化主题常用的情境素材，如不同类别、不同条件、有能量变化等，能根据教学功能合理选取和使用素材	
二	（素材源于教科书）能运用教科书中的素材和例子，帮助学生理解物质的化学变化主题的相关知识	
一	（缺乏素材）仅能围绕物质的化学变化主题的知识要点进行讲解，缺少必要的素材例证	

（五）物质的化学变化主题的教学实施

【培训目标】

1.（教学目标与教学设计的课堂实现及其调整）能根据教学目标和设计，全面落实重要的知识、思路、认识和观念；在实施中保证学生活动充分、有效地开展；能根据学生对化学变化的实际理解和学习表现调整进度、问题和活动等。

【能力诊断】

水平	你最像下面哪一种？	自评（√）
四	（调整，生成）教学实施能很好地落实三维教学目标，学生活动充分高效；能抓住时机生成性地强调或加深对一些问题的理解，并通过评价环节和技术手段探查学生，根据学生在课堂上的表现调整教学重点和思路与方法的指导方式等	
三	（落实知识和一般过程方法）教学实施能较好地落实三维教学目标，较好地体现教学设计的问题与活动；能根据学生的实际情况，适当调整教学进度和难度	
二	（落实知识）教学实施基本能落实知识目标，与教案中的主要活动基本吻合，如辨析化学变化的定义、记住常见化学变化中的现象等	
一	（不匹配）教学实施与教学目标、教学过程设计存在较大的差异，教学过程随意	

【培训目标】

2.（基本教学技能）能引导学生积极思考，善于运用技术手段创设开放、平等的学习和讨论氛围；掌握概念教学的一般方法和技能，能逻辑清晰地分析和提出问题，能归纳概括实验现象或生活经验并以之为证据，对形成的概念进行比较、辨析和举例说明，能很好地示范和推理、促进概念的应用和迁移。

【能力诊断】

水平	你最像下面哪一种？	自评（√）
四	（创造性开发）能创造性地开发和使用教学技术和手段促进学生多角度认识化学变化，并基于化学变化进行论证和推理	
三	（主题特色）能恰当地利用现有的技术手段帮助学生清晰地观察化学变化现象，记录学生学习化学变化的推理思路；能将必要经验引入课堂，具备让学生分析和讨论的技能，具备概括和点评的技能，促进学生形成对化学变化的认识	
二	（基本达成）能清晰地讲解，具备基本的概念教学技能，能对化学变化、质量守恒定律等概念的要点进行比较、辨析和举例等	
一	（未达成）仅具备讲授技能，讲授的逻辑不够清晰，不能顺利完成教学	

【培训目标】

3.（活动的开展与指导）善于引发讨论、追问证据、点评、概括等；能指导学生进行抽象概括类活动（如概括质量守恒定律、从生活经验中概括提出燃烧条件等）和解释类、反思类活动（如解释质量守恒的原因、反思计算中的注意问题等），同时关注概念的推演和变量的识别（如燃烧条件的实验分析等）。

【能力诊断】

水平	你最像下面哪一种？	自评（√）
四	（生成性）能有效地组织和实施交流讨论、实验设计、实验探究等多种学生活动；能与学生充分对话，并抓住活动中生成的问题引发新一轮活动；能对学生的高级思维、思路与方法进行指导，合理调整活动实施	

续表

水平	你最像下面哪一种？	自评（√）
三	（核心活动，具体指导）能有效地组织学生开展交流讨论、实验设计、实验探究等多种活动；能发现学生活动中的问题，并对学生的活动习惯和方法进行指导，根据学生的活动表现调整活动的过程	
二	（一般性指导）能顺利地开展学生活动，并能适当组织和调控；能对学生的实验操作、观察、讨论合作等方面进行指导	
一	（无活动或过程混乱、低效）较少开展学生活动，活动过程混乱，对学生活动缺少组织和调控	

【培训目标】

4.（思路与方法外显）善于探查学生的认识角度、猜想和思路（如对化学变化已有的认识角度、对化学反应前后质量关系的猜想和设计思路）；善于概括自己和学生的思路，并能通过板书、PPT、实物投影等形式外显出来，借助外显的认识和思路与学生展开对话，让学生意识到并修正自己在思路、推理和角度等方面存在的问题。

【能力诊断】

水平	你最像下面哪一种？	自评（√）
四	（学生思路建构和外显）不仅能示范性地从多角度分析物质的化学变化并外显自己的思路，还善于通过实物投影、板演、开放性问题等方式探查、外显学生的认识过程，并能设法外显学生的思路障碍和问题，以反思的方式促进学生自我察觉并修正问题	
三	（教师思路外显）具有明确的教学思路，能示范性地从多角度分析化学变化，并能利用板书、PPT 等方式外显自己的思路和角度	
二	（思路内隐）能有思路、有角度地分析化学变化问题，但未通过辅助手段外显自己的思路	
一	（缺思路）根据自己的解题经验等分析问题，没有固定的思路，仅注重知识点和解题结果	

【培训课程】

研修主题 43：物质的化学变化主题的教学取向和教学原则、策略			
编号	专题	内容要点	对应水平
5-4-1 5-5-1	物质的化学变化主题的教学特点、教学方式及教学策略	结合实际教学案例，引导教师认识到物质的化学变化主题对概括和反思的显著要求（概括角度、类型、规律等，并反思其作用）；与身边的化学物质等主题教学相比较，总结物质的化学变化主题教学的一些特点，同时介绍并分析经典教学取向	一、二
5-4-2 5-5-2	物质的化学变化主题的教学关键问题与对策	结合实际教学案例，引导教师认识到物质的化学变化主题的教学要通过概括与反思活动，使学生形成认识化学变化的基本角度以及从宏观和微观角度分析化学变化的习惯等，结合具体内容，讨论化学变化、反应类型、质量守恒定律等内容的教学原则和关键策略	二、三
5-4-3 5-5-3	促进学生认识发展的物质的化学变化主题教学案例分析及分享	介绍自己满意的化学变化教学案例，概括自己的教学体会和原则、要点，反思自己的教学是否充分体现了物质的化学变化主题每个内容的功能与价值，介绍促进学生认识发展的化学变化教学案例，进一步明晰该主题教学的原则、方向与关键策略	三、四

研修主题 44：物质的化学变化主题的教学过程设计与实施			
编码	专题	内容要点	对应水平
5-4-4 5-5-4	基于教科书的物质的化学变化主题的课时教学过程设计与实施	将课时设计与实施与所用版本教科书相比较，分析是否贯彻了教科书意图，是否能根据学生需求补充、丰富素材和活动，改进、交流课时设计	一、二
5-4-5 5-5-5	物质的化学变化主题的单元整体教学过程设计与实施	解析优秀的单元整体教学设计，分别从情境素材选择、问题线索设计、活动要求设计等方面分析其精彩之处。结合学情完善自己的设计，并讨论如何落实（问题引导、活动指导、思路外显等），报告自己的优化设计和实施感受，形成教学案例	二、三

续表

编码	专题	内容要点	对应水平
5-4-6 5-5-6	物质的化学变化主题的教学行动研究	选取物质的化学变化主题中有挑战性的重要问题作为研究内容，设计研究方案（核心是教学设计与评价设计），通过汇报、讨论与专家指导，完善方案，实施并交流解决效果，体会研究过程与方法	三、四

六、化学与社会发展主题

（一）化学与社会发展主题的内容及价值理解

【培训目标】

1.（学科内容理解）化学与社会发展主题包括化学与健康、环境、材料、资源与能源开发利用等内容维度，知道每个维度的知识结构与核心概念，了解从化学视角分析健康、环境、材料、资源与能源开发利用等问题的基本框架。了解化学与社会发展主题内容承载的STSE、可持续发展、绿色应用等观念，能运用这些观念分析解决健康、环境、材料、资源与能源开发利用等实际问题。

【能力诊断】

水平	你最像下面哪一种？	自评（√）
四	（具有上位概念 / 统摄观念 / 认识方式）熟悉化学与社会发展主题的知识框架，知道化学与健康、环境、材料、资源与能力开发利用等各个内容维度的知识结构与核心概念，以及与化学知识的关联，如材料的性能与物质的性质、材料的制备与物质的转化；能自主运用从化学视角分析实际问题的思路与方法解决环境、健康、材料、资源与能源问题	
三	（纵向发展，横向关联）不仅知道化学与社会发展主题的知识框架，还知道各个内容维度的知识结构与核心概念，如清楚有机化合物的分类框架，知道材料的基本分析框架包括材料的组成、材料的性能、材料的使用、材料的加工制备；能结合实例说明从化学视角分析健康、环境、材料、资源与能源开发利用问题的思路与方法，例如，从实际物体中分析其主要材料的成分，找到物质并依据物质的性质推测分析材料的性能、材料的合理使用、材料的制备等	

续表

水平	你最像下面哪一种？	自评（√）
二	（知识结构化）知道化学与社会发展主题的学科知识框架分为环境、健康、材料、资源与能源等内容维度；能说出每个维度的主要内容，如知道有机化合物的分类框架，从类别角度列举有机物等	
一	（零散）仅能零散地列举化学与社会发展主题的一些知识，如能列举糖、油脂、水净化、燃料的合理使用等	

【培训目标】

2.（教学价值理解：社会价值，学科本体价值，学生学习价值）能辩证地认识化学与社会发展的关系，了解化学在解决社会问题中的作用，认识到化学知识的不合理使用会带来环境、资源等社会问题，并能列举实例进行阐述说明。认识到通过化学与社会主题教学能促使学生认识化学对社会发展的积极作用，激发学生学习化学的兴趣，提高学生从化学视角分析实际问题的能力。促进学生对绿色应用观念、物质转化观、元素观、变化观的深入理解，提升运用这些观念分析解决问题的能力。

【能力诊断】

水平	你最像下面哪一种？	自评（√）
四	（观念化）能运用丰富的实例充分阐述化学与社会发展的辩证关系；关注该主题在“建立健康、环境、材料、资源与能源等实际问题分析框架，从化学视角分析相关实际问题的能力，促进学生对绿色应用观念、物质转化观、元素观、变化观的深入理解，提升学生运用这些观念分析解决问题的能力”等方面的教学价值	
三	（思路、框架 / 价值）能用实例阐述化学与社会发展的辩证关系：化学对社会发展既有积极作用，又有某些不合理使用带来的消极影响；关注该主题在“提高学生从化学视角分析环境、健康、材料、资源与能源等实际问题的能力”等方面的教学价值	
二	（列举实例）能列举实例说明化学对社会发展各个方面（物质、能源、人文）的重要作用；关注该主题在“激发学生学习兴趣、提高学生实际问题解决能力”等方面的教学价值	

续表

水平	你最像下面哪一种?	自评（√）
一	（笼统、零散）仅能笼统地说明化学对社会发展具有重要作用；仅关注该主题“促进学生认识化学对社会发展的重要作用”的教学价值	

【培训目标】

3.（课程理解与把握）知道化学与健康、环境、材料、资源与能源开发利用每个维度的主要课程内容和要求，知道化学与社会发展主题在小学科学、初中化学、高中化学不同阶段的主要课程内容及要求。了解化学与社会发展主题课程内容与生物学、物理等其他学科课程内容的联系。

【能力诊断】

水平	你最像下面哪一种?	自评（√）
四	（跨学段、跨学科）能说出化学与社会发展主题在小学科学、初中化学、高中化学不同阶段的主要课程内容和要求；知道该主题课程内容与生物、物理等其他学科课程内容的联系	
三	（同阶段、跨主题）能全面地说出初中阶段化学与健康、环境、材料、资源与能源开发利用各个维度的主要课程内容和要求；能将课程内容与STSE、可持续发展、绿色应用等观念较好地关联；知道该主题与身边的化学物质、物质的化学变化等主题的关系	
二	（主题内全面）能比较全面地说出化学与健康、环境、材料、资源与能源开发利用每个维度的主要课程内容和要求	
一	（笼统）仅能零散地列举初中阶段化学与社会发展主题的课程内容和要求	

【培训目标】

4.（教科书理解与教学内容组织）了解化学与社会发展主题内容在所使用教科书中的具体组织和呈现方式，清楚独立编排的具体教学内容，以及与身边物质、化学变化、科学探究等融合编排的具体教学内容，清楚化学与社会发展主题的整体教学内容体系，了解其他版本教科书中该主题内容的组织和呈现方式。

【能力诊断】

水平	你最像下面哪一种？	自评（√）
四	（选择、调整、组织教学内容）能全面地说出初中阶段化学与社会发展主题内容在所使用教科书中的位置、组织和呈现方式及特点；能评价教科书中内容组织编排的思路和线索；能描述其他版本教科书中该主题内容的组织方式，能有依据地选取教学内容、调整教学内容的组织方式	
三	（全面、系统）能全面地说出初中阶段化学与社会发展主题内容在所使用教科书中的位置、组织和呈现方式及特点；能说出该主题内容与身边物质、化学变化、科学探究等内容的关系；能分析说明教科书中该主题内容组织编排的思路和线索，并能进行一定的评价	
二	（全面）能比较全面地说出所使用教科书中化学与社会发展主题内容的组织和呈现方式；能说出独立编排和分散编排的内容	
一	（零散，笼统）仅能零散地说出所使用教科书中关于化学与社会发展主题的教学内容	

【培训课程】

研修主题 45：化学与社会发展的知识体系及研究进展			
编号	专题	内容要点	对应水平
6-1-1	化学与社会发展主题的内容框架	教科书中 STSE 内容的分析；建构材料、环境、健康、资源与能源的内容框架	一、二
6-1-2	化学与社会发展的核心概念和知识结构	初中课程标准中情境素材建议的分析，学科各个领域核心内容的分析，材料、环境、健康、资源与能源的知识结构和核心概念；该主题的核心观念（应用物质及其变化的绿色化学观），促进学生的其他观念（物质转化观、元素观、变化与守恒观）	二、三

续表

编号	专题	内容要点	对应水平
6-1-3	绿色应用观念和能力	运用STSE、绿色化学、原子经济、元素观、变化与守恒观分析材料、环境、健康、资源与能源等相关问题；绿色应用的案例分析；自主寻找和分析材料、环境、健康、资源与能源的相关素材；化学与社会发展主题研究进展和热点	三、四

研修主题46：化学与社会发展主题的课程内容及教学价值			
编号	专题	内容要点	对应水平
6-1-4	初中阶段化学与社会发展主题的主要课程内容	初中课程标准中的化学与社会发展主题的条目；初中教科书中化学与社会发展主题的具体内容；化学与社会发展主题教学价值分析，从化学视角分析材料、环境、健康、资源与能源问题的思路与方法	一、二
6-1-5	整个中学阶段化学与社会发展主题的课程内容和发展水平	化学与社会发展主题的课程内容与其他主题的课程内容的关联（身边的化学物质、物质的化学变化）；不同阶段（小学科学、初中、高中）化学与社会发展主题的课程内容的区别和联系；从化学视角分析材料、环境、健康、资源与能源问题的思路与方法的水平层级的建构	二、三
6-1-6	自主设计与开发化学与社会发展主题的教学内容	不同版本初中化学教科书中化学与社会发展主题内容的组织和呈现方式；国外STSE主题的内容设计与组织；在教学中对化学与社会主题教学内容的重组和调整；从化学视角分析材料、环境、健康、资源与能源问题的思路与方法的水平层级，自主设计教学内容及其组织顺序、汇报交流、点评分析	三、四

（二）学生在化学与社会发展主题的发展空间分析

【培训目标】

1.（已有基础）了解学生在健康、环境、材料、资源与能源等方面的已有化学知识、生活知识、生活经验、解决问题的思路与方法及绿色应用观念方面的已有基础和典型表现。例如，学生认为化学是导致环境问题的主要原因，化学是有毒、危险的，不能从化学视角分析健康、环境、材料、资源与能源等方面的问题。有意识并能运用开放性问题探查学生的已有基础，能确定学生在知识、观念、从化学视角分析问题等方面的实际水平。

【能力诊断】

水平	你最像下面哪一种？	自评（√）
四	（基于认识、系统、能探查）能自主应用开放性问题（如对实际问题的看法或对实际行为的评价）探查学生的已有经验，特别是思路与方法、认识观念、态度行为方面的已有基础；能依据探查结果进行诊断，从化学知识和生活知识、分析实际问题的角度及其思路与方法、绿色化学观念与态度行为等方面描述学生的典型表现	
三	（多维度、有意识）能有意识地探查学生的已有经验，从化学知识和生活知识、分析实际问题的角度及其思路与方法、绿色化学应用观念以及学生的态度与行为等方面，说出学生在健康、环境、材料、资源与能源等方面的已有基础	
二	（从知识到其他维度）能比较全面地说出学生在健康、环境、材料、资源与能源等方面已有的化学知识、生活知识及生活经验、态度或观念	
一	（零散，知识）仅能零散、笼统地说出学生在健康、环境、材料、资源与能源等方面已有的化学知识和生活知识	

【培训目标】

2.（发展需求）知道学生关于化学与社会发展主题应有的知识、方法、观念和态度，应该建立的从化学视角分析健康、环境、材料、资源与能源问题的基本思路、绿色应用的意识与行为。能结合学生的已有基础描述学生的发展空间。知道学生对健康、环境、材料、资源与能源等方面的认识兴趣和需求，知道学生感兴趣的实际问题，有意识地探查学生的认识需求，清楚探查的基本方法。

【能力诊断】

水平	你最像下面哪一种？	自评（√）
四	（多维度，思路与方法）能全面地说出化学与社会发展主题要求的化学知识和生活知识、绿色化学观念、从物质及其转变视角分析实际问题的思路与方法；能全面地说出学生的认识兴趣和需求，并经常自主探查学生的认识兴趣和需求	
三	（从知识到观念）能全面地说出化学与社会发展主题要求的化学知识和生活知识，具有运用绿色化学观念解决实际问题的意识和态度；能说出学生的认识兴趣和需求，具有探查学生认识兴趣和需求的意识	
二	（具体知识全面）能比较全面地说出学生在化学与社会发展主题应该学习的化学知识和生活知识，以及学生在健康、环境、材料、资源与能源等方面的认识兴趣和需求	
一	（零散，知识）仅能零散地说出化学与社会发展主题课程和教学要求的化学知识，以及学生在健康、环境、材料、资源与能源等方面的认识兴趣和需求	

【培训目标】

3.（障碍点）知道学生在化学与社会发展主题学习中存在的障碍点，清楚学生从化学视角分析实际问题的困难，特别是从孤立地认识环境问题到有联系地认识环境问题，从生活视角发展为从化学视角分析——从物质的组成、性质及其转化的视角分析环境问题的产生、危害和防治，从知道到科学认识再到行为。清楚学生存在这些障碍的原因在于缺少相关的实践活动，针对学生存在的障碍采用有效的对策，例如，通过自主的实际问题解决活动，帮助学生建立从化学视角分析问题的框架，让学生充分体验实践活动。

【能力诊断】

水平	你最像下面哪一种？	自评（√）
四	（找准、归因、有对策）能阐述和分析学生关于化学与社会发展主题在化学知识和生活知识、从化学视角分析问题、合理利用物质和化学反应的意识与态度、从科学认识到行为等方面存在的障碍点及其原因，并能针对学生的关键障碍点说出有效的解决对策	

续表

水平	你最像下面哪一种?	自评（√）
三	（思路与方法、观念、行为）能描述学生在化学与社会发展主题学习中，化学知识和生活知识、从化学视角分析问题、合理利用物质和化学反应的意识与态度、从科学认识到行为（运用化学知识分析相关信息、做出科学选择）等方面存在的障碍点及其原因	
二	（知识，全面、具体）能比较全面地说出学生在化学与社会发展主题中关于化学知识和生活知识学习、正确认识化学与社会发展的关系等方面的具体困难及其原因。例如，学生往往认为化学是危险的，因为很多安全问题与化学有关	
一	（知识，零散）仅能笼统地说出学生在化学与社会发展主题中关于化学知识学习方面存在的困难	

【培训目标】

4.（发展路径）清楚学生关于化学与社会发展主题的具体发展路径，从孤立的生活视角到有联系的生活视角，从孤立的生活视角到单一的生活－化学视角的对应，从单一的生活－化学视角到多个生活－化学视角，从没有化学视角到建立化学视角再到应用化学视角分析健康、环境、材料、资源与能源等方面的实际问题。基于小学、初中、高中的不同阶段，整体规划学生关于健康、环境、材料、资源与能源等方面的知识、思路与方法及其观念的发展。

【能力诊断】

水平	你最像下面哪一种?	自评（√）
四	（调整、设计）能基于核心知识的功能价值和学生的认知需求与障碍点，从化学视角分析实际问题的思路与方法、绿色化学应用方面，分析学生关于化学与社会发展主题的学习发展路径，对教科书内容顺序进行调整和自主设计	
三	（基于能力、观念、方法）能从化学视角分析实际问题的思路与方法、绿色化学应用方面，描述学生关于化学与社会发展主题的学习发展路径。从孤立的生活视角到有联系的生活视角，从孤立的生活视角到单一的生活－化学视角的对应，从单一的生活－化学视角到多个生活－化学视角，从没有化学视角到建立化学视角再到应用化学视角分析健康、环境、材料、资源与能源等方面的问题	

续表

水平	你最像下面哪一种？	自评（√）
二	（依据教科书，系统，知识顺序）能依据教科书比较系统地说出初中阶段化学与社会发展主题知识的学习顺序，与元素化合物知识结合分散编排的内容（空气、氧气、水、二氧化碳、金属），与概念原理知识结合分散编排的内容（燃烧的条件），集中编排的内容（化学与健康）	
一	（依据教科书，零散，知识顺序）仅能依据教科书零散地描述初中阶段化学与社会发展主题知识的学习顺序	

【培训课程】

研修主题47：学生关于化学与社会发展主题的发展目标和障碍点			
编号	专题	内容要点	对应水平
6-2-1	基于主要教学内容的发展目标、已有基础和障碍点	水净化、燃料的合理使用、金属矿物资源的利用，化学与人体健康等教学内容的发展目标、已有基础和障碍点	一、二
6-2-2	从物质及其变化分析健康、环境、资源和能源的发展目标、已有基础和障碍点	从物质及其变化分析健康、环境、资源和能源的发展目标，学生存在的具体认识和表现，明确学生的障碍点和认识偏差，具体案例的分析，突破障碍点的核心对策	二、三
6-2-3	化学与社会发展主题学情探查设计及结果分析	探查学生已有基础的基本方法和具体工具，针对探查结果的分析示例，自选内容、自主设计工具、施测、对测查结果进行统计分析，基于探查结果描述和呈现学生的已有基础和学习需求	三、四

研修主题48：学生关于化学与社会发展主题的学习发展路径			
编号	专题	内容要点	对应水平
6-2-4	学生关于化学与社会发展单元的学习发展路径分析	从化学视角分析实际问题的方法与能力、绿色化学应用方面，分析水净化、金属矿物资源的利用、化学与人体健康等教学单元的发展路径	一、二

续表

编号	专题	内容要点	对应水平
6-2-5	基于教科书分析学生关于化学与社会发展主题不同阶段的学习发展路径	从化学视角分析实际问题的方法与能力、绿色化学应用方面，分析不同阶段学生关于化学与社会发展主题的学习发展路径	二、三
6-2-6	基于课程自主设计学生关于化学与社会发展主题的学习发展路径	根据教科书主要化学知识的学习阶段，自主设计学生化学与社会发展主题的学习发展路径，汇报、讨论交流、点评分析	三、四

（三）化学与社会发展主题的教学目标确定和教学评价设计及诊断指导

【培训目标】

1.（设计教学目标）针对化学与社会发展主题的课程内容，依据学生的发展空间和发展路径，确定单元及其课时的化学知识和生活知识目标，从化学视角分析解决问题的思路与方法目标，合理使用物质及其化学反应的意识、科学价值观和社会责任的情感态度目标。明确学生需要建立的生活视角和化学视角及其对应关系，需要建立的绿色化学应用观念，从而明确学生分析实际问题的能力目标。

【能力诊断】

水平	你最像下面哪一种？	自评（√）
四	（基于学科能力素养）能以从物质及其变化视角分析问题的思路与方法、绿色化学应用观念发展为核心设计单元及课时目标，能将化学知识、生活知识和从化学视角分析健康、环境、材料、资源和能源问题的思路与方法、绿色化学应用观念、合理使用物质及其化学反应的意识、科学价值观和社会责任的情感态度很好地结合，有独立见解地设计教学目标	
三	（单元整体，考虑学生，方法和能力目标具体）能依据课程标准和教科书，考虑学生已有基础和发展需求以及核心知识线索，确定单元和课时教学目标，过程与方法及情感态度目标比较具体，体现核心知识的教学功能。能确定学生应该建立的从物质及其变化视角分析实际问题的思路与方法目标，合理确定利用物质及其化学反应的意识、科学价值观和社会责任的情感态度目标	

续表

水平	你最像下面哪一种？	自评（√）
二	（有依据、一般方法、态度）能依据课程标准和教科书确定化学与社会发展主题的单课时教学目标，包括化学知识和生活知识、一般过程与方法及情感态度目标，如科学探究方法、实际问题解决能力、认识化学对社会发展的重要作用	
一	（经验，知识）能基于经验设计化学与社会发展主题教学的单课时知识目标	

【培训目标】

2.（评价规划）能基于单元及其课时教学目标对评价内容和水平进行规划，从化学知识、生活知识、分析实际问题的思路与方法、绿色化学应用观念、合理使用的意识、科学价值观和社会责任等方面全面设定评价内容标准，能依据学生的发展空间、课程标准、学业水平要求等综合确定评价水平。

【能力诊断】

水平	你最像下面哪一种？	自评（√）
四	（目的、内容、水平、评价方式多方面规划）能依据学生的发展空间、课程标准、学业水平要求，从评价目的、内容、水平要求、评价方式等方面进行整体评价规划；能根据评价目的和内容选择适当的评价方式；注重评价学生从化学视角分析实际问题的思路与方法、绿色化学应用观念、合理使用物质及其变化的意识；多采用实际操作、实际问题解决、对学生课堂行为的评价等过程表现评价方式	
三	（维度全面、内容与水平两方面规划）能就化学知识和生活知识、从化学视角分析实际问题的思路与方法、绿色化学应用观念、合理使用物质的意识、科学价值观和社会责任等维度进行整体规划；能依据学生的发展空间、课程标准、学业水平要求等综合确定评价水平（双向细目表）	
二	（知识，规划）能依据学业水平考试要求，从知识点和学业水平两个维度对具体的化学知识和生活知识的评价进行规划	
一	（经验，知识）主要凭经验进行知识的教学评价，很少进行评价规划	

【培训目标】

3.（开发评价工具） 能依据评价规划，设计教学过程中实际问题解决的活动表现观测指标，设计教学后纸笔作业和实践性作业（如制作手抄报或电子报、撰写调研报告、家庭小实验等），加强实践性作业的可操作性。注意作业的布置要满足不同层次学生的需要，注重作业的形式多样和合适的量。

【能力诊断】

水平	你最像下面哪一种？	自评（√）
四	（整体设计、活动表现评价）能依据学生的发展空间、评价目的、内容、水平要求、评价方式的整体评价规划，考虑课内与课外评价相结合，选择、改造和设计评价任务和工具；能有针对性地设计课堂教学活动表现评价，设计水净化、金属矿物的开发利用，设计分析解决健康问题的活动表现评价；注重课后作业的实践性，注重从化学视角分析问题的思路与方法、绿色化学应用观念和科学合理行为的评价	
三	（内容多维，选择和调整）能依据知识、方法、意识与态度等方面的评价规划选择和调整评价任务类型（分析解释、综合实际问题解决、信息分析、方案和行为评价）和工具；作业设计比较全面，会评价学生运用物质及其转化、绿色化学应用观念分析实际问题的能力，着重设计实践性作业（如制作手抄报或电子报、撰写调研报告、家庭小实验等）	
二	（有选择）能依据知识的评价规划，对教科书和教辅资料中的习题进行选择并布置成作业	
一	（笼统，知识）经常直接将教科书和教辅资料中的全部习题布置成作业	

【培训目标】

4.（教学诊断、反馈及反思） 能基于课堂中学生解决实际问题的活动表现进行及时、有针对性的诊断评价；能根据学生的作业完成情况，开展分组汇报、主题演讲或展示、专题板报、答辩会等形式多样的反馈指导；能根据作业特别是实践性作业的完成情况，评价学生从化学视角分析实际问题的水平，总结教学目标的达成情况，反思教学活动的设计和实施，改进和调整教学设计和教学实施。

【能力诊断】

水平	你最像下面哪一种？	自评（√）
四	（深入归因，改进教学）能依据评价结果诊断学生分析环境、健康、材料、资源与能源开发利用等各类问题时，在从化学视角分析问题的思路与方法、绿色化学应用观念和行为，以及科学价值观和社会责任等方面存在的问题，并有针对性地进行反馈指导	
三	（多面归因，指导）能依据评价结果描述学生在化学知识、生活知识和具体问题解决方面存在的不足，能进行具体解题方法和策略的指导，如水净化相关问题的考点和解题思路	
二	（简单分析）能根据学生的情况进行简单分类和表面归因，如知识没有记住、审题有问题等	
一	（知识评价）对于评价结果，仅关注答案是否正确、作业是否完成、学生是否掌握知识	

【培训课程】

研修主题 49：化学与社会发展主题的教学目标确定和评价标准、评价工具设计			
编号	专题	内容要点	对应水平
6-3-1	化学与社会发展主题的知识教学目标确定和纸笔评价设计	化学与社会发展主题的知识教学目标确定；介绍纸笔作业及测验任务类型、水平难度设计	一、二
6-3-2	基于思路与方法、观念的化学与社会发展主题的教学目标确定和纸笔评价设计	知识、方法与观念融合的教学目标设计；引导教师从关注具体知识的评价，转向关注思路与方法、态度与观念的评价；介绍化学与社会发展主题方法、态度的主要评价指标和典型试题案例分析、评价标准，改造和设计试题并实施	二、三
6-3-3	基于实际问题解决的活动表现评价设计	引导教师认识到对知识、方法与态度进行整合评价的必要性，进行典型试题案例分析，改造和自主设计试题并实施；选择和设计涵盖实施化学与社会发展主题内容标准的实操活动，设计实操活动的评价指标和观测指标，结合教学案例设计评价工具并实施	三、四

研修主题 50：化学与社会发展主题的诊断指导与教学反思			
编号	专题	内容要点	对应水平
6-3-4	基于核心知识的诊断指导与教学反馈	从完成的作业情况，诊断学生在水净化、燃料的合理使用、金属矿物资源的利用、化学与人体健康等各类任务完成中存在的问题，对学生存在的问题进行分类梳理；设计相应的指导反馈方式方法，选择典型的任务类型，收集学生的典型答案，教师的分析评价及其反馈指导的互动交流	一、二
6-3-5	基于核心认识的思路与观念的诊断与教学反馈	从完成的作业情况，诊断学生分析环境、健康、材料、资源与能源开发利用等各类问题时，在从化学视角分析问题的思路与方法、绿色应用观念和行为，以及科学价值观和社会责任等方面存在的问题；选择典型的任务类型，收集学生的典型答案，教师的分析评价及其反馈指导的互动交流	二、三
6-3-6	课堂教学中基于实际问题解决的学生学习表现的诊断与指导	化学与社会发展主题学生学习表现诊断的困难及其原因；基于学生学习表现的及时指导原则和策略；基于学生学习表现的教学反思及调整（活动与问题的设计、素材与支持的设计）	三、四

（四）化学与社会发展主题的教学过程设计

【培训目标】

1.（教学原则与策略）知道化学与社会发展主题的教学特点、原则和策略，认识到从点到面的案例教学的重要性，倡导实际问题解决的教学方式，采取有效的合作讨论策略让学生真正参与到问题解决过程中，注重“健康、材料、环境、资源与能源的分析框架”“从化学视角分析问题的思路与方法”充分外显，实现“知情意行”相统一。

【能力诊断】

水平	你最像下面哪一种?	自评(√)
四	(关键问题)能阐述和分析化学与社会发展主题的教学关键问题及其核心教学策略，如确定教学关键问题、建立和巩固从化学视角分析问题的思路与方法、将复杂实际问题转化为化学问题、实现学生的“知情意行”相统一等	
三	(全面，原型－解析)能全面地说出化学与社会发展主题的教学特点、倡导的教学方式及其教学原则，能结合典型的成功课例进行阐述和分析	
二	(零散，主题教学特点)能零散地说出化学与社会发展主题的一些教学特点、原则和策略，如教学内容少、知识要求低、联系实际多、倡导实际问题解决和实例分析等	
一	(照搬)对化学与社会发展主题的教学主要基于经验(勾画知识要点或者介绍大量素材)，忽视或者不清楚该主题的教学特点	

【培训目标】

2.(教学取向确定及教学环节设计)该主题的教学涉及实际问题解决、观念建构、核心知识分析讲解等教学取向，进行教学设计首先要确定教学取向，然后设计相应的教学环节。例如，核心知识讲解的教学取向和教学环节：按照知识的逻辑关系和学生的认知顺序，将核心知识分拆到各个教学环节中(如哪些物质属于糖、糖与人体健康的关系、糖在哪些食物中存在等)。

【能力诊断】

水平	你最像下面哪一种?	自评(√)
四	(多种教学取向，系统设计)能综合运用多种教学取向及相应的教学过程设计教学环节，综合考虑学生的认知顺序、知识的逻辑顺序、问题解决过程、绿色化学应用观念的建构与发展、问题解决思路与方法的建立及应用等方面设计教学环节	

续表

水平	你最像下面哪一种？	自评（√）
三	（多种教学取向，实际问题解决）在化学与社会发展主题的教学过程设计中除了采用核心知识讲解教学取向和教学环节外，还有其他教学取向，如采用实际问题解决的教学取向、按照实际问题的解决思路设计具体教学环节	
二	（核心知识讲解，知识顺序为主）能按照核心知识逻辑和学生的认知顺序设计教学环节，能对教科书中的知识顺序进行适当调整，例如，将保护水资源内容与水净化内容进行整合，先讲水资源的紧缺，然后分析水净化的过程，最后探讨如何保护水资源	
一	（照搬）主要照搬固有的教学模式和教学环节，或者按照教科书节内标题讲解知识要点，不清楚该主题应该采用的教学取向和教学环节	

【培训目标】

3.（核心问题任务、问题线索及学生活动设计）综合考虑教学内容的承载、从化学视角分析问题的思路与方法及其观念的承载、可开展的学生活动、学生的兴趣与理解、素材丰富性等方面确定核心问题或者任务。综合考虑实际问题的解决过程、知识的逻辑顺序、学生的认知顺序，对核心问题和任务进行合理拆解，设计子任务或者下级驱动问题，尽可能以真实问题的解决过程为主线。注重问题的驱动性，问题之间有关联，能体现解决问题的思路与方法。特别是能体现从化学视角分析健康、环境、材料、资源与能源等问题的基本框架。能进行实际问题解决方案设计，注意考虑课内外结合的实践活动。

【能力诊断】

水平	你最像下面哪一种？	自评（√）
四	（自主设计、落实素养）能依据学生感兴趣的问题、当前社会热点和事件、分析解决问题的思路与方法确定核心问题和任务；能依据实际问题解决过程、思路与方法的建构与发展，绿色化学应用观念与能力发展设计问题线索；能设计促进学生自主建构、科学价值观和社会责任及其问题解决思路与方法的深度体验活动	

续表

水平	你最像下面哪一种?	自评(√)
三	(有意识设计，活动有目的)能从是否承载教学内容、是否新颖等角度，有意识地设计教学中的核心问题和任务以及相应的问题线索；能寻找实际问题、现象并将其作为核心问题和任务，然后依据问题解决过程设计问题线索；为了促进学生的深度参与和积极情感体验，设计角色扮演、辩论讨论、调查汇报等多样化的活动，并初步预设学生在活动中的表现。例如，人类的重要营养物质，选取“肥胖”为核心问题，问题线索为“导致肥胖的原因是什么？如何避免肥胖？”活动为社会调查、辩论等形式	
二	(指向知识，活动形式化)主要关注落实具体知识和习题解决的问题设计，或者将教科书中的问题或者任务进行简单改造。在教学中学生的活动多样，但活动目的不明确、形式化。例如，角色扮演的活动目的只是激发兴趣和落实知识，缺少发展学生绿色化学应用观念和问题解决思路与方法等目的	
一	(照搬，缺少活动)经常直接照搬教科书中的任务和问题，很少进行改造或者自主设计；在教学中学生大多是听讲、做题	

【培训目标】

4.(素材证据的选取)明确化学与社会发展主题的学习特点，了解常用素材的类型，能根据核心问题和任务选取并加工鲜活、具体、贴近学生实际、具有时代性的适宜素材和教学资源，实现问题的引出，为形成认识提供证据，支持问题解决，展现实际问题现状。

【能力诊断】

水平	你最像下面哪一种?	自评(√)
四	(深度加工)能发挥素材的多种功能，对素材进行深度加工；能根据核心问题和任务选取并加工鲜活、具体、贴近学生实际、具有时代性的适宜素材和教学资源，实现问题的引出，为形成认识提供证据，支持问题解决，展现实际问题现状	
三	(有目的选取)能根据绿色化学应用观念发展需要科学使用物质及其变化的意识和态度，以及实际问题解决思路发展需要选取和使用素材	

续表

水平	你最像下面哪一种？	自评（√）
二	（源于教科书）经常运用教科书中的素材和例子帮助学生理解知识	
一	（缺少素材）仅能讲解知识要点，缺少素材例证	

（五）化学与社会发展主题的教学实施

【培训目标】

1.（教学目标与教学设计的课堂实现及其调整）通过教学实施较好地实现教学目标，教学实施过程较好地实现教学设计理念和主要活动，充分开展问题解决活动。能根据课堂上学生解决问题的表现合理调整教学进程。

【能力诊断】

水平	你最像下面哪一种？	自评（√）
四	（落实认识发展，调整、生成）教学实施能落实三维教学目标及从化学视角分析问题的思路与方法，充分体现教案中的问题与活动；能根据课堂上学生的实际表现，及时合理地调整教学进程	
三	（落实知识和一般过程方法）教学实施除了落实知识教学目标，还体现或者落实了方法和态度目标，较好地体现教案中的问题与活动。能根据课堂情况调整教学	
二	（落实知识）教学实施基本能较好地落实知识教学目标，与教案中的主要活动和问题比较吻合	
一	（不匹配）教学实施经常与教学目标、教案中的问题与活动存在较大差异	

【培训目标】

2.（基本教学技能）具有良好的基本教学技能，能引导学生积极思考，有效使用信息技术形象生动地呈现实际问题及其素材、模拟实际问题发现及其解决过程，发挥实验在获得新知、解决问题等方面的教学功能。

【能力诊断】

水平	你最像下面哪一种？	自评（√）
四	（创造性开发）在化学与社会发展主题教学中，能创造性地开发和使用信息技术，运用网络、视频、图片等生动地呈现真实情况，运用实验恰当地模拟实际问题发现及其解决过程，使学生形成深刻的视觉冲击和情感体验	
三	（主题特色）在化学与社会发展主题教学中，能有机结合并合理使用多种教学技术和手段，能有效地使用信息技术呈现贴近生活和学生的素材、实际问题及其解决过程、学生的观点和反思总结等	
二	（基本达成）在化学与社会发展主题教学中，能清晰地表达和讲解，能运用课件、实验、板书等基本的信息技术教学手段呈现联系实际的素材	
一	（未达成）在化学与社会发展主题教学中，教学语言表达和逻辑混乱，教学课件中素材堆砌，信息技术使用不当	

【培训目标】

3.（活动的开展与指导）创设自由平等的活动氛围，把发现问题和解决问题的第一机会留给各种层次的学生。能有效组织学生开展多种活动，注重学生的体验及参与程度。能根据学生的表现有效地调整和指导活动开展。

【能力诊断】

水平	你最像下面哪一种？	自评（√）
四	（生成性活动）在化学与社会发展主题教学中，能有效组织和实施多种学生活动，能抓住在活动中生成的问题并引发新一轮活动，能对学生运用物质及其化学变化分析实际问题的思路与方法、科学合理运用物质及其变化的意识和态度进行有针对性的指导。为了让学生深度参与，形成充分的情感体验和问题解决过程体验，合理调整活动的实施	
三	（核心活动，具体指导）在化学与社会发展主题教学中，能有效组织学生开展调查汇报、讨论辩论、实验探究、模拟问题解决等多种活动。能根据学生在活动中的表现发现存在的问题，并在学生合作交流表达、资料查阅、绿色化学应用观念等方面给予指导。能调整活动的开展，如当学生辩论跑题时能及时中断和引导	

续表

水平	你最像下面哪一种？	自评（√）
二	（一般性指导）在化学与社会发展主题教学中，能顺利开展基于实际问题的交流研讨、角色扮演、辩论等学生活动，并对学生的活动进行指导	
一	（无活动或过程混乱、低效）在化学与社会发展主题教学中，没有开展学生活动，将问题解决活动变成教师的讲解分析，或活动过程混乱，没有组织和管理学生活动	

【培训目标】

4.（思路与方法外显） 善于探查和呈现学生对实际问题的已有认识，通过追问充分外显不同层次学生分析问题的思路和过程，发现和诊断学生普遍存在的认识障碍和思路上的问题，并做出恰当的评价和引导；通过板书、课件、学案、教学语言、教学环节小结等充分外显学生应该建立的从化学视角分析实际问题的思路与方法。在教学过程中给学生提供应用思路方法解决实际问题的机会。

【能力诊断】

水平	你最像下面哪一种？	自评（√）
四	（学生思路建构和外显）在化学与社会发展主题教学中，善于探查和呈现学生对实际问题的已有认识，能通过追问外显学生分析问题的思路和过程，诊断学生在思路上存在的问题，并做出恰当的评价和引导；通过课件、板书、教学环节小结等外显学生应该建立的思路与方法，给学生提供开展实践活动巩固应用思路与方法的机会	
三	（教师思路外显）在化学与社会发展主题教学中，有明确的思路，能就学生应该建立的从化学视角分析实际问题的思路与方法和学生开展对话，但在教学过程中对思路与方法缺少概括总结，对学生的问题解决思路与方法缺少评价引导	
二	（思路内隐）在化学与社会发展主题教学中，能按照联系实际的领域、实际问题的分析过程等构建教学思路，但思路内隐、缺乏外显，例如，从生活到化学，从化学到社会	
一	（缺思路）在化学与社会发展主题教学中，缺少思路，知识点和联系实际的素材堆砌	

【培训课程】

研修主题 51：化学与社会发展主题的教学取向和教学原则			
编号	专题	内容要点	对应水平
6-4-1 6-5-1	基于核心知识讲解的化学与社会发展主题的教学原则与策略	与其他主题相比，化学与社会发展主题的教学特点；结合该主题的核心教学内容，交流研讨常用的教学处理方式，基于核心知识讲解的教学取向和教学环节；依据核心知识的逻辑和学生的认知顺序设计教学环节	一、二
6-4-2 6-5-2	基于观念建构和实际问题解决的化学与社会发展主题的教学原则与策略	化学与社会发展主题观念建构和实际问题解决取向的教学案例及其分析；教学中常见的教学处理方式及其教学改进分析；提炼相应的教学过程设计原则与策略	二、三
6-4-3 6-5-3	化学与社会发展主题的教学关键问题及解决对策	提炼化学与社会发展主题的教学关键问题：如何培养和发展学生从化学视角分析解决环境、健康、材料、资源与能源开发利用问题的思路与方法；如何培养和发展学生的绿色化学应用意识和观念；如何实现知识点落实与问题解决能力发展的融合；如何实现“知情意行”相统一的教学。教师之间分享最满意的教学案例；分析实现“知情意行”相统一的教学策略	三、四

研修主题 52：化学与社会主题的教学过程设计与实施			
编号	专题	内容要点	对应水平
6-4-4 6-5-4	基于教科书的课时教学设计与实施	基于教科书进行教学设计的思路与方法；在教科书的基础上，基于学生学习需求补充活动和素材；教学设计与实施，汇报交流，总结反思	一、二

续表

编号	专题	内容要点	对应水平
6-4-5 6-5-5	化学与社会发展主题单元的整体教学设计与实施	确定单元主题、单元目标和课时教学目标，选择活动和素材；分享进行单元教学设计、交流实施中的感受，交流发现的问题；诊断和指导单元教学设计的方法	二、三
6-4-6 6-5-6	化学与社会发展主题教学行动研究：教学问题的确定、分析与研究	教师反思关于化学与社会发展主题教学的进一步提升和改进要点，确定教学问题；教师设计教学研究方案，实施并汇报，总结反思教学研究的方法，专家给予评析和指导	三、四

第三部分
实施建议

《指导标准》体现国家对义务教育阶段化学学科教师培训的导向和要求，强化培训工作的专业性，大力提升培训的针对性和实效性。各级教育行政部门、教师培训机构、中学要按照《指导标准》要求，组织实施国家级、省级、地（市）级、县（区）级、校本教师培训，指导教师制订符合个人实际的专业发展规划，不断提升教师教育教学能力，促进教师专业成长和终身发展。

一、明确各方职责分工

各级教育行政部门要把《指导标准》作为教师培训的规范性与指导性文件，制订教师培训的相关政策和要求，监督和指导教师培训机构、中学有效开展教师培训，不断提高教师培训质量。教师培训机构要依据《指导标准》，优化设计教师培训项目和方案，具体组织实施相关培训。中学要根据《指导标准》，结合本校不同层次教师的发展需求，开展对接教师需求、培训主题鲜明的校本研修。中学教师要按照《指导标准》的培训目标（发展目标），进行教学能力自我诊断，选择合适的培训课程，加强所学课程内容和培训成果转化，强化在教学实践中的应用，促进自身的专业发展。

二、科学制订培训方案

各地、各教师培训机构要依据《指导标准》，结合本地教师专业发展规划，在需求调查和能力诊断的基础上，研究制订满足相应水平层次教师发展需求的培训方案。提高教师培训工作的管理水平，合理确定教师培训方式，系统设计教师培训内容，注重教师培训的整体设计和前后衔接，实行学分制管理，建立“学分银行”和教师成长数据库，过程性记录教师参训学习质量，提升信息化管理水平，对教师基本情况、培训档案、训后跟踪评价等数据进行动态维护，促进初中化学教师教学能力不断提升与持续发展。

三、组建培训师资团队

各地、各教师培训机构要依据《指导标准》，对接教师培训主题及专题设置需要，组建具备高水平、结构优化的培训师资团队，实行首席专家负责制。培训团队应由初中化学教学（研究）经验丰富的高校教师、教研员和一线优秀教师组成，其中外省市专家原则上不少于30%，教学能力表现为四级水平的一线优秀教师、教研员原则上不少于50%。首席专家应由具备丰富培训经验，且具有一定的数据处理与分析、能力诊断与归因、培训设计与实施能力的专家或一线名优骨干教师担任。要加强培训师资团队建设和培训，设置专门的培训者或培训专家研修项目，不断提升师资团队的理论研究、课程建设、资源开发和组织管理的整体水平。

四、开发能力诊断工具

各地、各教师培训机构要对照《指导标准》，设计、开发适合本地初中化学教师情况的教学能力诊断工具，建立能力诊断试题库，采取参训教师自测为主与培训机构组织他测相结合的方式，开展教师教学能力诊断，准确掌握参训教师培训需求，为设计与实施有针对性的培训课程提供依据。教师培训机构、中学要创新教师教学能力诊断方式，通过观察分析课堂教学现场或实录，发现教师教学中存在的具体问题，准确判断教师培训需求。中学教师要按照“教学能力水平表现级差表”和能力诊断工具，对照检查、自我测评，判断自己的教学能力现状，选择适合的培训课程，自主参加培训。通过教学能力自我诊断表、教学能力诊断试题、教学案例分析、教学设计、课堂教学实践表现、教学实践研究与改进评价等多种途径，掌握培训目标的达成情况。

五、建设优质课程资源

各地、各教师培训机构要根据《指导标准》确定的培训目标，围绕培训主题和专题内容，为教师选择或开发适切的课程资源。根据教师各项教学能力表现水平，为其提供教学课件、讲课提纲、任务设计等系统化的培训课程资源，为教师专业学习和持续发展提供有效支持。充分发挥教学能力诊断的功能，基于各培训目标对应的不同教学能力表现水平，研究、开发与使用培训课程资源。注重参训教师培训成果总结和提炼，发掘整理培训过程中的生成性成果，加强教师与教师之间、培训师资团队与教师之间的分享交流。

六、强化培训效果评价

各地、各培训机构要采用定性评价与定量评价、教师评价与专家评价、即时评价与后续评价、阶段性评价与整体评价、自评与他评相结合的多元评价方式，对培训效果进行全面评价，切实增强培训效果评估的系统性和科学性。各培训机构要从培训设计、培训内容、培训方式、培训师资、培训资源、培训组织等方面，设计“培训满意度评价表”；要设计评价工具，对教师的现场表现、培训成果、教学实践改进等方面的实际效果进行科学评价。培训效果评价要关注教师的教学知识提升、教学认识与观念转变、教学行为转化。采用多种形式对教师参训后的发展情况进行跟踪回访，对教师的教学改进和变化效果进行评价，并组织专家进一步指导改进。